Jürgen Brockmann
Werner Lantermann

Agaporniden

Haltung, Zucht und Farbmutationen der Unzertrennlichen

49 Farbfotos, 4 Verbreitungskarten,
5 Zeichnungen, 5 Tabellen und
54 Vererbungsschemata

Verlag Eugen Ulmer Stuttgart

CIP-Kurztitelaufnahme der Deutschen Bibliothek

Brockmann, Jürgen:
Agaporniden: Haltung, Zucht u. Farbmutationen d. Unzertrennlichen / Jürgen Brockmann; Werner Lantermann. – Stuttgart: Ulmer, 1981.
ISBN 3-8001-7064-7

NE: Lantermann, Werner:

Wollgrasweg 41, 7000 Stuttgart 70 (Hohenheim)
Printed in Germany
Einbandgestaltung: A. Krugmann, Stuttgart
mit einem Foto (*A. roseicollis* Pastellblau) von Hans Reinhard
Satz: Fotosatz Hellstern, Tübingen
Druck: Sulzberg-Druck GmbH, Sulzberg i. A.

Vorwort

Da in den letzten Jahren die Agaporniden einen Siegeszug durch die Volieren der Papageienliebhaber angetreten haben, hoffen wir, mit dieser Arbeit sowohl Anfängern als auch fortgeschrittenen Züchtern Anregungen für ihr Hobby geben zu können. Wenn dieser Band auch nicht die früheren Bücher von Helmut Hampe und Heinz Schwichtenberg (beide sind leider nicht mehr im Handel) ersetzen kann, so möchte er doch versuchen, eine Lücke zu füllen.
Gerade bei den Agaporniden, deren Farbzucht einen großen Aufschwung nimmt, sind in den letzten Jahren schöne Mutationen entstanden, vermutlich werden es in Kürze noch mehr sein. Darum haben wir diese Mutationen auch besonders ausführlich behandelt und ihre Vererbung im einzelnen dargelegt. Der Leser sollte sich nicht abschrecken lassen, dieses Kapitel zu studieren, da das Verständnis der Vererbungsregeln für die planmäßige Zucht unerläßlich ist.
Unser besonderer Dank gilt Frau Dr. med. vet. Uta Ebert, Hannover, für die Durchsicht des Kapitels »Krankheiten«, Herrn Dr. Joachim Steinbacher, Senckenberginstitut Frankfurt, für seine fachliche Beratung und Herrn Kaplan Werner Wiching, Ahaus, für seine praktische Mithilfe bei der Erstellung des fotografischen Teils.
Das Entstehen dieses Buches wäre sicherlich nicht möglich gewesen ohne das Verständnis unserer Familien, die uns bei der Ausübung unserer Liebhaberei stets unterstützt haben. Nicht zuletzt möchten wir auch dem Verlag für sein freundliches Entgegenkommen danken, unseren Wünschen bei der Gestaltung des Bandes zu entsprechen.
Möge dieses Buch bei den Papageienliebhabern eine gute Aufnahme finden und für viele ein nützlicher Ratgeber sein.

im Sommer 1981

Jürgen Brockmann, Ahaus
Werner Lantermann, Oberhausen

Inhaltsverzeichnis

Vorwort 5
Agaporniden, die beliebtesten Kleinpapageien 9
Heimat und Freileben 12
Haltung und Pflege 22
Einige grundsätzliche Überlegungen 22
Unterbringung 22
Ernährung 32
Krankheiten 34
Äußere Krankheiten 39
Parasitäre Erkrankungen 39
Infektionskrankheiten 41
Sonstige krankhafte Erscheinungen 42
Die natürliche Mauser 43
Unzertrennliche als zahme Hausgenossen? 44
Verhaltensweisen bei Agaporniden 45
Verhalten der Nestlinge 46
Arterhaltende Verhaltensweisen 49
Bewegungsabläufe 51
Fortpflanzung 51
Zucht 54
Geschlechtsbestimmung 54
Partnerwahl 55
Nestbau, Brut und Jungvögel 55
Zucht- und Nachweisbuch 58
Besonderheiten bei der Zucht 59
Die Arten 63
Rosenköpfchen *(Agapornis roseicollis)* 63
Unzertrennliche mit weißen Augenringen *(Agapornis personata)* . . 68
Schwarzköpfchen *(A. p. personata)* 68
Pfirsichköpfchen *(A. p. fischeri)* 70
Rußköpfchen *(A. p. nigrigensis)* 72

Erdbeerköpfchen *(A. p. lilianae)* 73
Bergpapageien *(Agapornis taranta)* 74
Grauköpfchen *(Agapornis cana)* 75
Grünköpfchen *(Agapornis swinderniana)* 77
Orangeköpfchen *(Agapornis pullaria)* 78
Farbmutationen und ihre Vererbung 79
Rosenköpfchen 79
(zugleich eine Einführung in die Farbvererbung) 79
Wildfarbene Rosenköpfchen 79
Blaue (Pastellblaue) Rosenköpfchen 89
Grüngelbgescheckte Rosenköpfchen 96
Blaugelbgescheckte (pastellblaugelbgescheckte) Rosenköpfchen . . 99
Rezessive Schecken 108
Gelbe Rosenköpfchen (Jap. Golden Cherry) 108
Weiße Rosenköpfchen (Jap. Silber Cherry) 111
Gescheckte Gelbe und Weiße Rosenköpfchen 114
Gelbe Rosenköpfchen (australischen Ursprungs) 116
Gelb-gesäumte Rosenköpfchen (Amerik. Golden Cherry) 117
Weiß-gesäumte Rosenköpfchen (Amerik. Silber Cherry) 122
Gelb-gesäumte-gelbgescheckte Rosenköpfchen 123
Weiß-gesäumte-gelbgescheckte Rosenköpfchen 123
Falbe Rosenköpfchen (Grüne Falben) 124
Dunkelfaktorige Rosenköpfchen 127
Olive und Dunkelgrüne Rosenköpfchen 127
Mauve und Dunkelblaue Rosenköpfchen 129
Weitere Farbkombinationen mit Dunkelfaktoren 134
Lutinos 134
Albinos (Creme-Albinos) 137
Weitere Farbkombinationen mit Ino-Faktoren 139
Rosenköpfchen in Grün-Zimt 139
Rosenköpfchen in Blau-Zimt 140
Weitere Farbkombinationen mit Zimt-Faktoren 142
Graue Rosenköpfchen 142
„Hellblaue“ Rosenköpfchen (Weißmasken) 142
Graufügel-Rosenköpfchen 143
Schecken mit roten Augen 143
Rote, Rotgescheckte oder Rotgesäumte Rosenköpfchen 143
Halbseiter-Rosenköpfchen 144
Zukunftsperspektiven 145

Unzertrennliche mit weißen Augenringen 145
Schwarzköpfchen 145
Grüne Schwarzköpfchen 145
Blaue Schwarzköpfchen 145
Gelbe Schwarzköpfchen 146
Weiße Schwarzköpfchen 146
Die Vererbung bei den grünen, blauen, gelben und weißen Schwarzköpfchen 146
Grüngelbgescheckte Schwarzköpfchen 149
Blauweißgescheckte Schwarzköpfchen 149
Zimtfarbene Schwarzköpfchen 149
Graufügel-Schwarzköpfchen 150
Lutino- und Albino-Schwarzköpfchen 150
Olive Schwarzköpfchen 150
Blaue Schwarzköpfchen mit rotem Schnabel 150
Pfirsich-Köpfchen 150
Grüne Pfirsichköpfchen 150
Gelbe Pfirsichköpfchen 150
Grüngelbgescheckte Pfirsichköpfchen 151
Blaue Pfirsichköpfchen 151
Lutino- und Albino-Pfirsichköpfchen 151
Rußköpfchen 151
Erdbeerköpfchen 151
Grüne Erdbeerköpfchen 151
Blaue Erdbeerköpfchen 152
Lutino-Erdbeerköpfchen 152
Bergpapageien 152
Grüne Bergpapageien 152
Blaue Bergpapageien 153
Zimtfarbene Bergpapageien 153
Grauköpfchen 153
Grünköpfchen 153
Orangeköpfchen 153
Blaue Orangeköpfchen 153
Lutino-Orangeköpfchen 153
Eine Bitte an die Leser 154

Literaturverzeichnis 155
Register 157

Agaporniden, die beliebtesten Kleinpapageien

Schon in vergangenen Zeiten gehörten Papageien und Sittiche zu den beliebtesten Stubenvögeln überhaupt. Einer der ersten „eingeführten" Papageien wird wohl der Halsbandsittich gewesen sein, der um die Mitte des 4. Jh. v. Chr. von Alexander dem Großen nach Europa gebracht wurde. Weiterhin bekannt wurde der große Gelbhaubenkakadu des Kapitän Cook, der ihn auf seinen Fahrten rund um die Erde begleitet haben soll.

Jedoch erst im 19. Jahrhundert und speziell zu Beginn des 20. Jahrhunderts nahm die systematische Papageienhaltung in Europa ihren Anfang. Wurden die ersten Wellensittiche im Jahre 1840 noch zu wahren Traumpreisen gehandelt, so haben sich diese Vögel mittlerweile als so fruchtbar erwiesen, daß heute, trotz Ausfuhrverbot der australischen Regierung, der Bestand in Gefangenschaft den in freier Natur bei weitem übersteigen dürfte. Etwa gleichzeitig begann man auch viele andere Sittiche und Papageien von Afrika, Asien, Australien oder Südamerika einzuführen, so daß nach kurzer Zeit dem Liebhaber eine reichhaltige Palette verschiedener Arten und Rassen für seine Volieren zur Verfügung stand.

Erst relativ spät, größtenteils zu Beginn des 20. Jahrhunderts, wurden die Agaporniden, die Unzertrennlichen, eingeführt, die sich zumeist als gut züchtbar und anspruchslos in der Pflege erwiesen. Zudem kamen sie zeitweise in solchen Massen auf den Markt, daß geradezu ein Boom für diese Kleinpapageien entstand.

Im Jahre 1930 machten dann die vieldiskutierte Papageienkrankheit (Psittacose) und die sich daraus ergebenden Einfuhrbeschränkungen der gesamten Papageien-Liebhaberei ein vorläufiges Ende.

Mittlerweile wurden die Bestimmungen allerdings gelockert. Auf Antrag erteilt die zuständige Veterinärbehörde Personen, die den Import und Handel mit Papageien beabsichtigen, eine Sondergenehmigung. Der Antragsteller muß geeignete Sachkunde nachweisen können und über gesonderte Räume verfügen (Quarantänestation), die sich zur prophylaktischen *Psittacose*-Behandlung der eingeführten Papageien eignen und die Ausbreitung von Krankheiten verhindern.

Da die genauen Bestimmungen in den einzelnen Bundesländern verschieden sind, lassen sich hier keine endgültigen Aussagen treffen. Der interessierte Papageienfreund wende sich an die für ihn zuständigen Behörden.

Darüber hinaus hat sich der künftige Importeur bei der Wahl der einzuführenden Papageien nach den Regelungen des Heimatlandes und den Bestimmungen des Artenschutzes zu richten: Viele Arten von Papageien und Sittichen sind mittlerweile in ihrer Heimat mehr oder weniger stark vom Aussterben bedroht. Die Möglichkeit der Einfuhr wird dank des sogenannten »Washingtoner Artenschutzabkommen« geregelt. Alle gefährdeten Wildtiere sind hier entsprechend ihrer Bedrohung in drei Anhängen dieses Abkommens aufgeführt. Agapornidenarten sind zur Zeit noch nicht vorrangig gefährdet, aber im Anhang 2 des Abkommens aufgeführt, wie übrigens alle Papageienvögel-Psittaci (mit Ausnahme der Wellen-, Nymphen- und kleinen Alexandersittiche).
Mit einer Körpergröße von 13–17 cm Länge gehören die Unzertrennlichen mit den Sperlingspapageien *(Forpus)* und den Fledermauspapageien *(Loriculus)* zu den kleinsten Papageien unserer Erde.
Unzertrennliche sind kleine, stämmig gebaute Papageien, die durch ihr anmutiges Wesen und ihre leuchtenden Farben bestechen. Ihre Stimme ist teilweise recht laut, bleibt jedoch hinter der größerer Papageien entschieden zurück, so daß sie auch für eine Zimmerhaltung gut geeignet sind. Die Grundfarbe des Gefieders aller Unzertrennlichen ist grün. Bei einigen Arten sind beide Geschlechter völlig gleich gefärbt, während man sie bei drei Arten (*A. cana, A. taranta* und *A. pullaria*) genau unterscheiden kann.
Ihre Beliebtheit beruht auf verschiedenen Eigenschaften. Durch ihre geringe Größe benötigen sie relativ wenig Platz. Da sie meistenteils leicht züchtbar sind, sind Agaporniden immer preislich erschwinglich. Außerdem sind sie farblich recht ansprechend und nicht zuletzt ziemlich anspruchslos in Ernährung und Pflege. Es sei allerdings nicht verschwiegen, daß einige Arten, zu mehreren gehalten, ziemlich laut sind, was speziell bei empfindlicher Nachbarschaft bedacht werden sollte. Außerdem sind sie manchmal recht unverträglich untereinander, auch anderen Vögeln gegenüber.
Auffallend ist jedoch die enge soziale Bindung, die die beiden Partner eines Paares für die Dauer ihres Lebens eingehen; nicht umsonst nennt man sie ja die Unzertrennlichen. Der Name Agapornis stammt übrigens aus dem Griechischen und bedeutet soviel wie Liebesvogel. Ein Paar verrichtet fast alle Dinge gemeinsam. Charakteristisch ist dabei ein eingehendes Kopfkraulen, das bei fast keiner anderen Papageienart in dieser Weise beobachtet werden kann. Es wird sogar behauptet, ihre „Liebe“ zueinander ginge soweit, daß bei frühzeitigem Tod eines Partners der übriggebliebene Vogel kümmern und kurz danach ebenfalls sterben würde. Dies hat sich jedoch in unseren Anlagen niemals ereignet. Ein anderer Artgenosse, notfalls auch ein Wellensittich, hilft oft über den Verlust des Partners hinweg.

Zusammenfassen kann gesagt werden:
Wenn man die kleinen Unarten der Agaporniden kennt und akzeptiert, sind sie durchaus liebens- und empfehlenswerte Pfleglinge. Den Liebhaber wie auch den Züchter wird es immer wieder reizen, ihre ausgeprägten Lebens- sowie Nistgewohnheiten zu beobachten und zu vergleichen.
Folgende Arten und Unterarten der Gattung *Agapornis* sind bekannt:

Rosenköpfchen *(A. roseicollis)*
A. r. roseicollis (Vieillot)
A. r. catumbella (Hall)

Unzertrennliche mit weißen Augenringen *(A. personata)*
Die Schwarzköpfchen/*A. p. personata* (Reichennow)
Die Pfirsichköpfchen/*A. p. fischeri* (Reichennow)
Die Rußköpfchen/*A. p. nigrigenis* (Sclater)
Die Erdbeerköpfchen/*A. p. lilianae* (Schelly)

Bergpapageien *(A. taranta)*
A. t. taranta (Stanley)
A. t. nana (Neumann)

Grauköpfchen *(A. cana)*
A. c. cana (Gmelin)
A. c. ablectanea (Bangs)

Grünköpfchen *(A. swinderniana)*
A. s. swinderniana (Kuhl)
A. s. zenkeri (Reichennow)
A. s. emini (Neumann)

Orangeköpfchen *(A. pullaria)*
A. p. pullaria (Linné)
A. p. ugandae (Neumann)

Wie aus dieser Aufstellung ersichtlich, besteht die Gattung *Agapornis* (Selby) aus sechs Arten, von denen jeweils noch verschiedene Rassen bekannt sind. Der Vollständigkeit wegen sei erwähnt, daß manche Autoren die Gattung in neun Arten unterteilen, wobei sie die Arten mit weißen Augenringen als vier selbständige Species betrachten. Persönlich neigen wir jedoch zu der Ansicht, die *per-*

sonata-fischeri-nigrigenis-lilianae-Gruppe als eine Art mit vier Unterarten anzusehen. Zwar gibt es in ihr sowohl farb- als auch größenmäßig ziemliche Unterschiede, jedoch gleichen sich die Unzertrennlichen mit weißen Augenringen in Körperbau, Benehmen und Nistgewohnheiten so sehr, daß man sie schwerlich als verschiedene Arten betrachten kann. Auch die Bereitwilligkeit, untereinander zu kreuzen, ist ein ziemlich sicheres Zeichen für eine Artverwandtschaft (s. S. 70). Zweifellos gelingen auch Kreuzungen zwischen anderen Arten von Unzertrennlichen, jedoch bleibt dies immer mit Schwierigkeiten verbunden.

Heimat und Freileben

Mit Ausnahme der Grauköpfchen, welche auf Madagaskar und einigen umliegenden Inseln zu finden sind, bewohnen alle Arten der Gattung das afrikanische Festland, größtenteils in Äquatornähe. Bis auf die Grünköpfchen, die ausgesprochene Waldbewohner sind, bevorzugen alle Unzertrennlichen als Lebensraum trockene Savannengebiete ohne eigentlichen Hochwald.

Die **Rosenköpfchen** *(A. roseicollis)* haben ein recht großes Verbreitungsgebiet an der Westküste Südafrikas, wo man sie in offenen, trockenen und bergigen Buschregionen bis hin zu 1600 m Höhe antrifft. Sie sind dort ungemein zahlreich und überfallen zur Zeit der Maisreife zu Hunderten die Anbaugebiete. Im allgemeinen sieht man sie jedoch in kleinen Schwärmen in der Nähe einer Wasserstelle.

Sie ernähren sich von Samen, Beeren und Früchten.

In ihrer Heimat brüten sie im Februar und März. Rosenköpfchen gelten als Koloniebrüter. Sie nisten in Felsnischen oder Gebäudeaussparungen, häufig auch in den Gemeinschaftsnestern von Webervögeln (einige Nestkammern werden dann von den Papageien benutzt, die übrigen bleiben im Besitz der Weber). Ornithologen konnten beobachten, wie die Rosenköpfchen Besitz von den Brutkobeln ergriffen und den rechtmäßigen Eigentümern den Zutritt verwehrten.

Das Zusammenleben von Rosenköpfchen und Webern scheint nicht an eine spezielle Weberart gebunden zu sein. So wurden schon in Gemeinschaftsnestern verschiedener Weberarten Rosenköpfchen gefunden. Als Nistmaterial verwenden die Tiere kleine Zweige und Rindenstücke, die vom Weibchen im Gefieder ins Nest getragen werden. Brüten sie jedoch in Webernestern, so belassen sie die Nestkammern unverändert und tragen kein neues Material ein.

Die **Unzertrennlichen mit weißen Augenringen** *(A. personata)* haben ein relativ kleines Verbreitungsgebiet im Norden und Nordosten von Tansania. Ihre Heimat ist die dürre Grassteppe mit vereinzeltem Baumbewuchs ohne eigentlichen

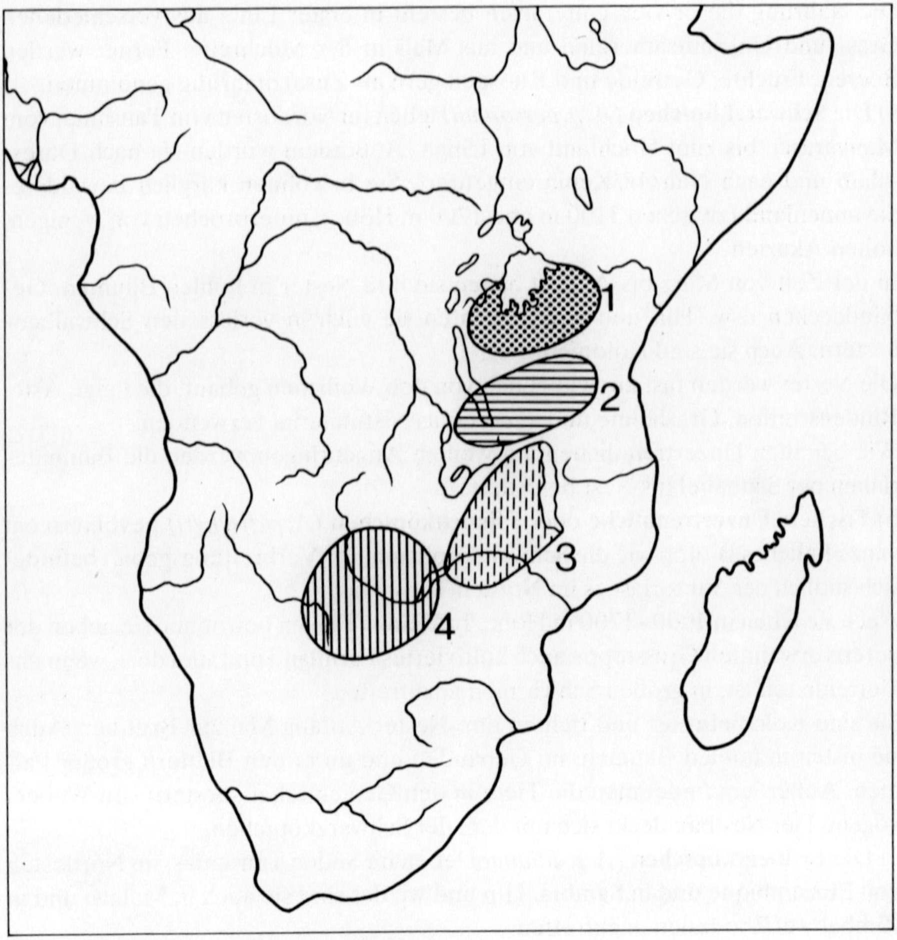

Verbreitungsgebiete von *Agapornis personata*
1 = *A. p. fischeri*
2 = *A. p. personata*
3 = *A. p. lilianae*
4 = *A. p. nigrigenis*

Hochwald. Nach Forshaw sollen die Lebensräume der vier Unterarten so exakt voneinander abgegrenzt sein, daß die kürzeste Entfernung zwischen zwei Arten mindestens 65 km ausmacht. Die Lebensräume von *A. p. fischeri* und *A. p. personata* sind danach sogar 160 km voneinander entfernt.
Andere Autoren sprechen jedoch von sich überschneidenden Lebensräumen, in denen sogar Mischlinge verschiedener Arten zu beobachten seien.

Die Nahrung dieser vier Unterarten besteht in erster Linie aus verschiedenen Gras- und Unkrautsämereien und aus Mais in der Milchreife. Ferner werden Beeren, Früchte, Getreide und Knospen gern als Zusatznahrung genommen.

a) Die **Schwarzköpfchen** *(A. p. personata)* leben im Nordosten von Tansania, vom Manyarasee bis zum Hochland von Iringa. Außerdem wurden sie nach Daressalam und nach Nairobi/Kenia eingeführt. Sie bewohnen kärglich bewaldetes Savannenland (zwischen 1100 m und 1700 m Höhe), unterbrochen von wenigen, hohen Akazien.

In der Zeit von März bis August bauen sie ihre Nester in hohlen Bäumen, Gebäudeecken usw. Hin und wieder brüten sie auch in verlassenen Schwalbennestern. Auch sie sind Koloniebrüter.

Die Nester werden fast ausschließlich von den Weibchen gebaut, die lange Äste, Rindenstreifen, Grashalme und anderes als Nistmaterial verwenden.

Wie bei allen Unzertrennlichen mit weißen Augenringen werden die Baumaterialien per Schnabel ins Nest befördert.

b) **Fischers Unzertrennliche** oder **Pfirsichköpfchen** *(A. p. fischeri)* bevölkern ein ganz ähnliches Biotop wie die Schwarzköpfchen. Ihr Verbreitungsgebiet befindet sich südlich des Viktoriasees im Norden Tansanias.

Auch sie leben in 1000–1700 m Höhe. In kleinen Flügen bewohnen sie neben der bereits erwähnten Grassteppe auch kultiviertes Farmland und sind dort, wenn das Getreide reif ist, in großen Schwärmen anzutreffen.

Sie sind Koloniebrüter und richten ihre Nester Anfang Mai zur Brut her. Auch sie nisten in hohlen Bäumen, an Gebäuden und unter den Blättern großer Palmen. Außerdem findet man die Tiere in den Gemeinschaftsnestern von Webervögeln. Der Nestbau deckt sich mit dem der Schwarzköpfchen.

c) Die **Erdbeerköpfchen** *(A. p. lilianae)* leben im Süden Tansanias, im Nordosten von Mozambique und in Sambia. Hin und wieder sind sie auch in Malawi und in Zimbabwe/Rhodesien anzutreffen.

Sie bevorzugen Höhen zwischen 600 und 1000 m; möglicherweise wandern sie außerhalb der Brutzeit in höhere Gegenden.

Im allgemeinen bewohnen sie Buschgebiete mit spärlichem Akazienbewuchs, manchmal dringen sie jedoch auch bis in kultiviertes Farmland vor.

Neben Grassamen, Beeren und Knospen ernähren sich die Tiere von reifem Getreide, Hirse und Akaziensamen. Einen großen Teil des Tages verbringen sie auf dem Boden, um nach Nahrung zu suchen. Dabei wird mehrmals täglich eine Wasserstelle aufgesucht.

Erdbeerköpfchen brüten im Januar und Februar in hohlen Bäumen, oft auch in der Nähe menschlicher Ansiedlungen. Im Luangwatal in Sambia wurden brütende Vögel in Webernestern gefunden.

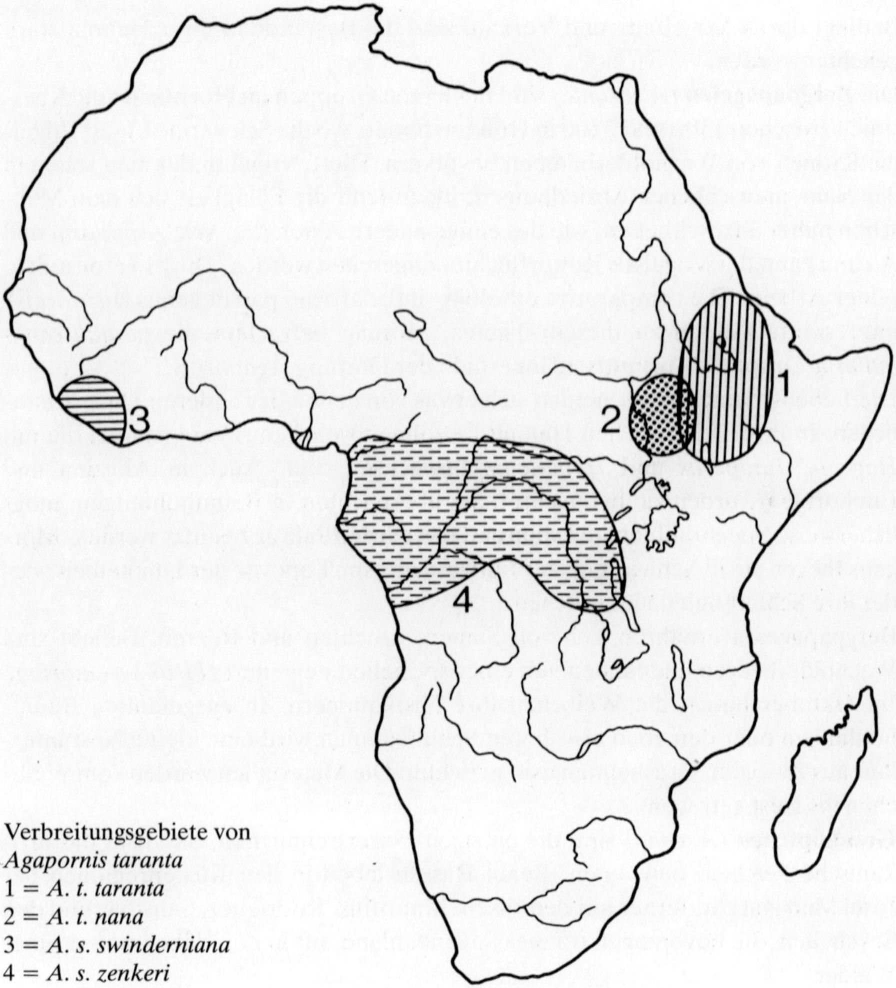

Verbreitungsgebiete von
Agapornis taranta
1 = *A. t. taranta*
2 = *A. t. nana*
3 = *A. s. swinderniana*
4 = *A. s. zenkeri*

d) Das Verbreitungsgebiet der **Rußköpfchen** *(A. p. nigrigenis)* erstreckt sich von Südwest-Sambia im Osten bis nach Livingstone im Norden. Gelegentlich werden die Tiere auch im äußersten Westen von Zimbabwe/Rhodesien bis hin zu den Viktoriafällen angetroffen.
Rußköpfchen sind Flachlandbewohner und bevölkern ein ähnliches Biotop wie die Erdbeerköpfchen.
In Brutverhalten und Ernährung stimmen die Tiere völlig mit den anderen Rassen der Art *Agapornis personata* überein.

Bedingt durch Vogelfang und Verkauf sind die Bestände in ihrer Heimat stark gelichtet worden.

Die **Bergpapageien** *(A. taranta)* sind in kleinen Gruppen im Hochland von Abessinien zwischen 1300 und 3200 m Höhe zu finden, wo die Schwärme (3–20 Vögel) die Kronen von Wacholderbäumen bevölkern. Diese Vögel findet man selten in der Nähe menschlicher Ansiedlungen; ihnen fehlt die Fähigkeit sich dem Menschen näher anzuschließen, wie das einige andere Arten tun. Wie *A. pullaria* und *A. cana* kann der Vogel als Kulturflüchter angesehen werden. Dilger vermittelt in seiner Arbeit „The comparative ethology of the african parrot genus *Agapornis*" interessante Fakten zu diesem Thema. Moreau betrachtet die *taranta-cana-pullaria*-Gruppe als primitivste innerhalb der Gattung *Agapornis.*

Die Lebensräume unterscheiden sich etwas von denen der anderen Unzertrennlichen. In ihrer äthiopischen Heimat bewohnen sie offene Waldgebiete, die mit *Hagenia*, *Juniperus* und *Hypericum* bewachsen sind. Auch in Akazien und Euphorbien wurden sie beobachtet. Sie übernachten in Baumhöhlungen, möglicherweise Spechthöhlen, die während des ganzen Jahres benutzt werden. Morgens fliegen sie in Schwärmen zur Futtersuche, um kurz vor der Dunkelheit wieder ihre Schlafhöhlen aufzusuchen.

Bergpapageien ernähren sich von Samen, Früchten und Beeren. Beliebt sind Wacholderbeeren und Samen von einer speziellen Feigenart *(Ficus sycamorus).*

Im Oktober bauen die Weibchen ihre Nistkammern. In ausgefaulten Baumhöhlungen oder den eben erwähnten Schlafbäumen wird eine kleine Nestunterlage aus Zweigen, Grashalmen usw. errichtet. Die Materialien werden vom Weibchen ins Nest getragen.

Grauköpfchen *(A. cana)* sind die einzigen Unzertrennlichen, die nicht das afrikanische Festland bewohnen. Beide Rassen leben in den Küstenregionen der Insel Madagaskar, ferner auf den Inseln Mauritius, Rodriguez, Sansibar und den Seychellen. Sie bevorzugen offenes Savannenland, oft in der Nähe immergrüner Wälder.

Im allgemeinen sieht man die Tiere in kleinen Schwärmen von 5–20 Tieren, oft auch in Begleitung kleiner Finken-Arten. In manchen Gebieten sind sie ungemein häufig, gelten jedoch als scheu. Im Gegensatz zu *A. personata* und *A. roseicollis* sind sie laut Forshaw keine direkten Kulturfolger.

Abb. 1 (oben links): Rosenköpfchen wildfarben (s. Seite 63). Abb. 2 (oben rechts): Rosenköpfchen. Nest mit Eiern. Abb. 3 (unten links): Rosenköpfchen. Nest mit frisch geschlüpftem Jungvogel. Abb. 4 (unten rechts): Rosenköpfchen Nestlinge (Pastellblau und Grün-Zimt).

Ihre Hauptnahrung sind Grassamen. Auch Getreide, Reis und verschiedene Früchte werden in kleineren Mengen genommen. Die meiste Zeit des Tages verbringen sie mit der Nahrungssuche.
Grauköpfchen nisten in der Regenzeit, zwischen November und April.
In Baumhöhlungen errichten die Hennen kleine Nestunterlagen aus Grashalmen, Blättern und Rindenstückchen. Das Gelege besteht in der Regel aus vier Eiern.
Grünköpfchen *(A. swinderniana)* sind ausgesprochene Waldvögel. In kleinen Schwärmen (bis zu 12 Tieren) durchstreifen sie die Wälder nach Nahrung. Sie ernähren sich in erster Linie von Feigen und Reis (Forshaw).
Obwohl im Jahre 1826 von O. J. Selby nach dem einzigen damals vorhandenen Exemplar (präparierter Balg) eines Grünköpfchens die Gattung *Agapornis* aufgestellt wurde, sind diese Vögel bis heute kaum eingeführt worden. Nach Stresemann liegt das daran, daß diese Art selten zur Nahrungsaufnahme auf den Boden kommt und deshalb schwer zu fangen ist. Eine andere Schwierigkeit bedeutet wohl die Ernährung dieser Tiere. Im Kongo konnte Pater Hutsebout diese Art nur dann am Leben erhalten, wenn eine spezielle Sorte wilder Feigen zur Verfügung stand. Andernfalls starben sie innerhalb von 3 oder 4 Tagen. Weitere Ernährungsmöglichkeiten wären nach Cunningham van Someren Früchte von *Ficus sycamorus* und halbreifer, milchiger Mais (Forshaw).
Als Verbreitungsgebiet gibt Forshaw West- und Zentralafrika an.
Die Brutzeit von *A. swinderniana* fällt in den Juli. Die Nestkammern werden, ähnlich wie bei *A. pullaria*, in Termitenhügeln angelegt.
Die **Orangeköpfchen** *(A. pullaria)* haben unter allen Unzertrennlichen das größte Verbreitungsgebiet. Diese Art findet sich in ganz Zentralafrika, wobei offene Savannenlandschaft zweifellos bevorzugt und Hochwald in den meisten Fällen gemieden wird. Auf den Principé- und Fernando-Poo-Inseln gilt die Art bereits als ausgestorben (Forshaw).
In kleinen Flügen bewohnen sie dichtbewachsene und auch halboffene Savannenlandschaften. Wie die meisten Vertreter der Gattung *Agapornis* ernähren sie sich hauptsächlich von Gras- und Unkrautsämereien, die sie gerne am Boden zu sich nehmen. Als Zusatznahrung nennt Forshaw Beeren, Früchte und wilde Feigen.

Abb. 5 (oben links): Rosenköpfchen Blau (Pastellblau) (s. Seite 89). Abb. 6 (oben rechts): Rosenköpfchen Grüngelbgescheckt (Jungtier) (s. Seite 96). Abb. 7 (unten links): Rosenköpfchen Grüngelbgescheckt (s. Seite 96). Abb. 8 (unten rechts): Rosenköpfchen Grüngelbgescheckt – stark aufgehellt (s. Seite 96).

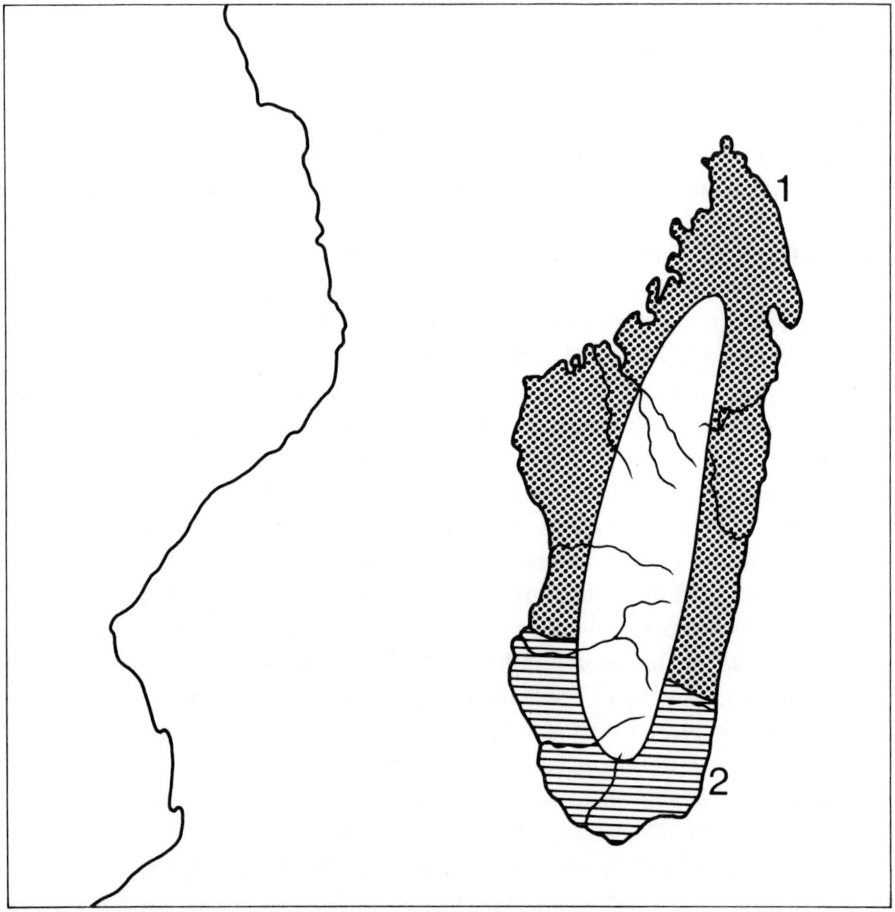

Verbreitungsgebiete von *Agapornis cana* Madagaskar
1 = *A. c. cana*
2 = *A. c. ablectanea*

In Uganda und Tansania beginnt die Brutzeit im Mai. In anderen Gegenden wurden jedoch auch zwischen Oktober und Februar brütende Weibchen beobachtet. Abweichend von anderen Unzertrennlichen brüten die Tiere in den Gemeinschaftsbauten der Termiten, meist in deren Baumbauten, seltener in den Erdhügeln dieser Insekten. Die Nestkammern befinden sich am Ende eines längeren Ganges, den die Tiere mit Hilfe von Schnabel und Füßen selbst graben.
Dilger berichtet, daß hauptsächlich die weiblichen Tiere den Bau der Nestkam-

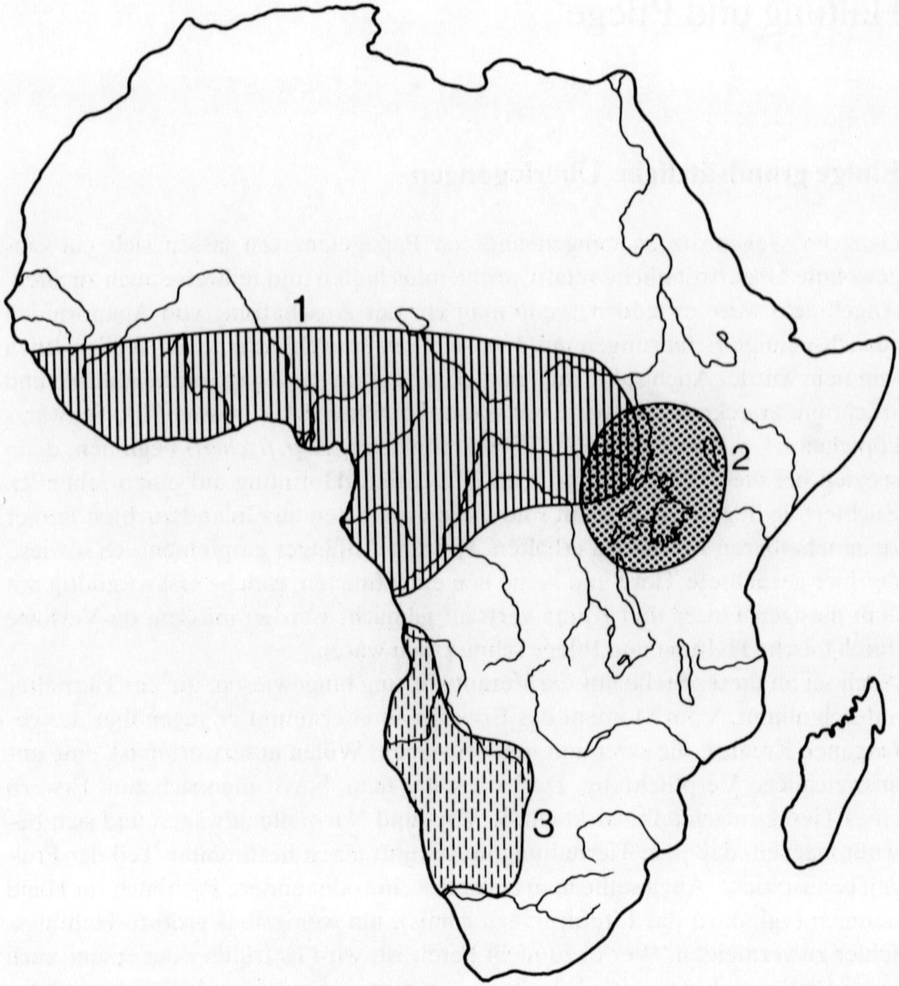

Verbreitungsgebiete von *Agapornis pullaria*
1 = *A. p. pullaria*
2 = *A. p. ugandae*
3 = *A. r. roseicollis* und *A. r. catumbella*

mer übernehmen, während die Hähne oft versuchen zu helfen, zumeist jedoch erfolglos bleiben.
Die Nestkammer wird wie bei *A. cana* und *A. taranta* mit einer kleinen Nestunterlage aus Grashalmen, Zweigen usw. versehen.

Haltung und Pflege

Einige grundsätzliche Überlegungen

Ganz im Gegensatz zu einigen anderen Papageienarten lassen sich gut eingewöhnte Unzertrennliche relativ problemlos halten und teilweise auch züchten. Angebracht wäre es jedoch, wenn man vor der Anschaffung von Agaporniden zunächst einige Erfahrungen mit dem ziemlich unproblematischen Wellensittich sammeln würde. Auch sollte man den „Einstieg" in die Agapornidenhaltung und -züchtung zweckmäßigerweise mit Rosenköpfchen *(A. r. roseicollis)*, Schwarzköpfchen *(A. p. personata)* oder Pfirsichköpfchen *(A. p. fischeri)* beginnen, denn speziell bei diesen Arten kann man berechtigte Hoffnung auf einen schnellen Zuchterfolg hegen. Außerdem sind diese drei Arten aus Inlandszuchten immer zu annehmbaren Preisen zu erhalten. Für den Anfänger empfehlen sich sowieso nur hier gezüchtete Tiere und keine neu eingeführten, welche erst sorgfältig mit dem hiesigen Futter und Klima vertraut gemacht werden müssen, da Verluste durch falsche Haltung und Pflege schmerzlich wären.
Auch sei an dieser Stelle auf die Verantwortung hingewiesen, die ein Tierhalter auf sich nimmt. Vom Moment des Erwerbs an übernimmt er gegenüber der gefangenen Kreatur, die samt und sonders seinem Willen unterworfen ist, eine unausweichliche Verpflichtung. Deshalb sollte man, bevor man sich zum Erwerb eines Tieres entschließt, wirklich die Vor- und Nachteile abwägen und sich bewußt machen, daß jede Tierhaltung in Zukunft einen bestimmten Teil der Freizeit beansprucht. Auch sollte man zuvor das eine oder andere Fachbuch zur Hand nehmen (vgl. dazu das Literaturverzeichnis), um wenigstens gröbste Haltungsfehler zu vermeiden. Wer dazu nicht bereit ist, wird es früher oder später auch lästig finden, sich um seine Pfleglinge kümmern zu müssen; die Leidtragenden sind immer die Tiere. Wer nur hin und wieder einen „bunten Papagei" sehen will, sollte besser sonntags in den Zoo gehen.

Unterbringung

Im allgemeinen gibt es vier Haltungsmöglichkeiten für Unzertrennliche:
die Unterbringung in Käfigen,
in Zimmervolieren,

in Freivolieren
und die Haltung im Freiflug.

Die Haltung in **Käfigen** ist wohl die am häufigsten praktizierte Art. Die Gründe dafür sind recht naheliegend, denn wer hat schon genug Platz, um sich aufwendige Freivolieren bauen zu können.

Die Käfige sollten möglichst von 3 Seiten geschlossen sein und eine rechteckige Grundfläche aufweisen. Diese sogenannten Kistenkäfige gibt es überall im Handel zu kaufen. Besser und billiger ist es jedoch, sich passende Käfige selbst zu bauen. Eine geeignete Größe wäre 80×50×50 cm für ein Paar, das eventuell auch züchten soll. Ein Flugkäfig für mehrere Jungtiere müßte aber schon der Größe von etwa einem Kubikmeter entsprechen. 16 mm starke Preßspanplatten (eventuell kunststoffbeschichtet) eignen sich hervorragend für diesen Zweck, denn sie sind billig und leicht zu bearbeiten. Die meisten Praktiker lehnen Holz als Baumaterial für Agaporniden-Käfige mit der Begründung ab, es würde früher oder später sowieso den Schnäbeln der Insassen zum Opfer fallen. Das ist jedoch nachweisbar ein Irrtum. Natürlich werden alle erreichbaren Ecken von den Tieren schnell „abgerundet", aber an glatte Spanplattenflächen gehen selbst die Unzertrennlichen nicht.

Wenn man seine Käfige mit etwas Geschick baut, dienen sie lange Jahre ihrem Zweck. Als Innenanstrich eignet sich ein ungiftiger, haltbarer und nicht reflektierender Lack (am besten ist weißer Mattlack). Allerdings müßte die Spanplatte zweifach gestrichen sein, da der erste Anstrich vom Holz teilweise aufgesogen wird. Ideal sind natürlich kunststoffbeschichtete Käfige, jedoch sind sie entschieden teurer. Sauberhalten lassen sich doppeltgestrichene Spanplattenkäfige genauso gut wie die beschichteten.

Für das Bespannen der Vorderfront empfiehlt sich punktgeschweißtes, verzinktes Viereckgeflecht (12 × 12 mm oder 12 × 25 mm), das nichtrostend und recht stabil ist. Außerdem eignen sich die im Handel erhältlichen Vorsatzgitter. Als Anstrich für den Draht verwendet man dünnflüssigen Bitumen-Teerlack, der auch nach dem Trocknen elastisch bleibt und nicht abblättert, wie das bei normalem Lack der Fall wäre. Bitumenlack ist stets für wenig Geld beim Dachdecker zu bekommen. Ein solcher Anstrich ist natürlich nicht unbedingt erforderlich, bietet aber einen freien Blick auf die Vögel (bei reflektierendem, verzinktem Draht ist dies nicht der Fall, obwohl dieser im Laufe der Zeit nachdunkelt).

Der Käfig wird am besten mit drei Futternäpfen, einem Trinkröhrchen und einer Badeschale ausgestattet. Sollten Sie es noch nicht gewußt haben: Alle Unzertrennlichen baden mit einer wahren Leidenschaft!

Zweckmäßig ist es, jeden Käfig mit einer Futterschublade zu versehen (von außen zu bedienen), in welche die Futternäpfe stramm eingesetzt werden können. Auf

diese Weise braucht man die Tiere beim täglichen Füttern nicht mehr als unbedingt nötig zu beunruhigen. Auch ist es angebracht, den Käfig mit einer ca. 7 cm hohen Schmutzfangschublade zu versehen, um ihn so besser reinigen zu können.
Für Gemeinschaftskäfige und Volieren eignen sich Schlafkästen (Abb. Seite 24). Hier wird man schnell harmonierende Paare (auch bei Jungtieren) ausfindig machen. Sitzen zwei Vögel während der Dämmerung und der Nacht in einem gemeinsamen Abteil, so kann man mit einiger Sicherheit auf ein Paar schließen.
Als Standort für einen Einzelkäfig wäre vielleich eine helle Zimmerecke günstig, wobei man allerdings bedenken sollte, daß die Vögel (bei Verwendung eines ungeeigneten Käfigs) in der Wohnung ziemlich viel Schmutz verbreiten können. Wählen Sie nie die Küche und dort vor allem nie den Küchenschrank als stän-

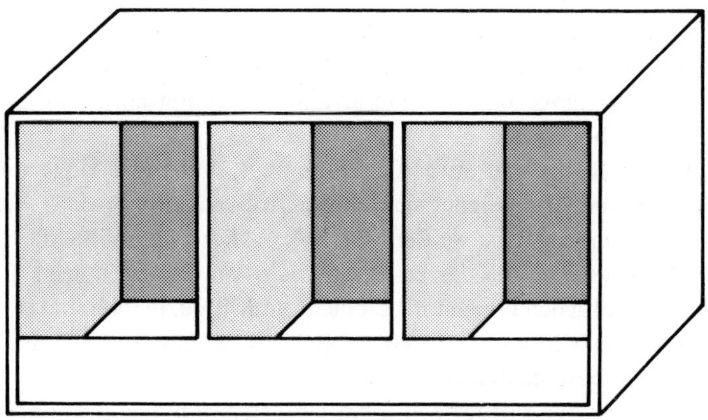

Schlafkästen für Unzertrennliche

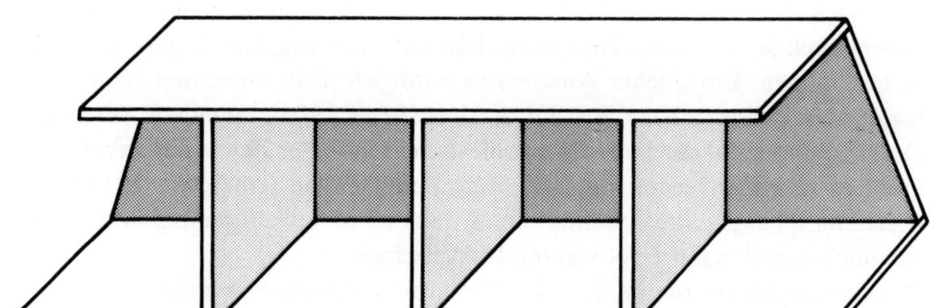

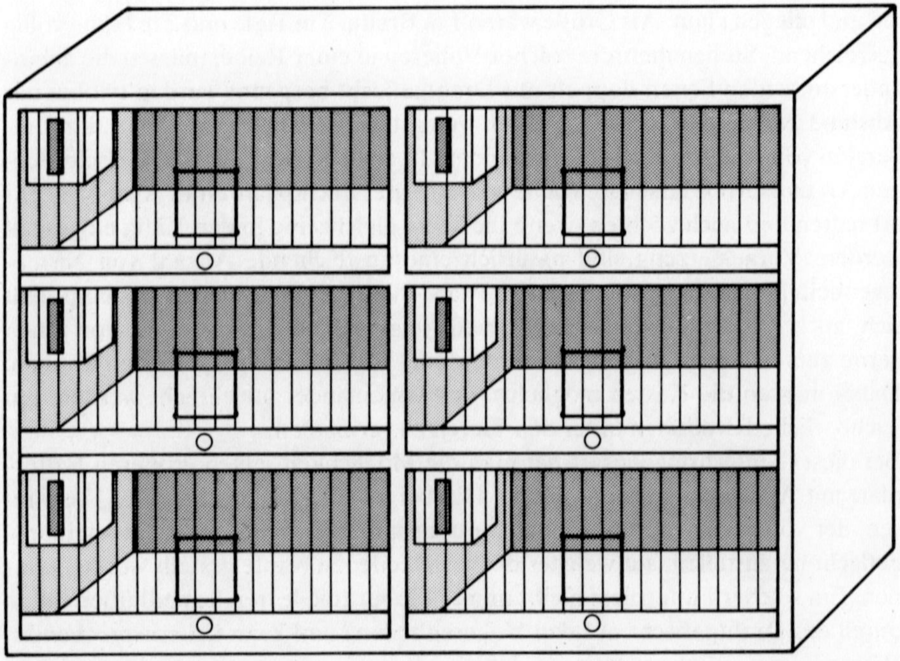

Zuchtanlage für Agaporniden

digen Aufenthaltsort für Ihre Lieblinge, denn all diese Küchengerüche hält auf die Dauer kein Lebewesen aus. Der Käfig sollte möglichst in Augenhöhe stehen (damit sich die Vögel sicherer fühlen) und so angebracht sein, daß er nicht während des ganzen Tages von der Sonne beschienen wird. Die Insassen müssen nämlich auch die Möglichkeit haben, sich in den Schatten zurückziehen zu können.

Für Interessenten mit größeren Ambitionen, die vielleicht mehrere Tiere halten und auch eine Zucht aufbauen wollen, empfiehlt sich ein heller Raum oder Dachboden, in dem mehrere Käfige über- und nebeneinander aufgestellt werden können. Auch diese Art von Zuchtanlage läßt sich in jeder Größe und Form ohne größere Schwierigkeiten selbst herstellen (Abb. Seite 25).

Eine andere, eigentlich ideale Möglichkeit, Unzertrennliche zu halten, sind **Zimmervolieren**. Sie sind in allen Größen und Preislagen zu haben, lassen sich aber auch leicht aus Vierkanthölzern und dem oben erwähnten Drahtgeflecht herstellen. Die Größe richtet sich natürlich nach dem vorhandenen Platz und nach der Anzahl der Vögel. Zweckmäßig sind Volieren, die so groß sind, daß man bequem durch eine Tür ins Innere gelangen kann, denn erfahrungsgemäß leiden Sauberkeit und Ordnung, wenn man die Anlage nur in gebückter Haltung betreten und pflegen kann. Als Größe wären 1 m Breite, 2 m Tiefe und 2 m Höhe völlig ausreichend. Stehen mehrere solcher Volieren in einer Reihe, müssen die aneinanderstoßenden Seiten doppelt mit Drahtgeflecht bespannt werden (wobei der Abstand zwischen beiden Geflechten wenigstens 5 cm betragen sollte), um Beißereien von Käfig zu Käfig zu vermeiden. In einer Voliere der oben beschriebenen Art und Größe lassen sich ohne weiteres drei Zuchtpaare einer Agapornidenart halten und auch züchten, wenn die Tiere gleichzeitig in den Käfig eingesetzt werden. Voraussetzung sind natürlich eine ausreichende Anzahl von Nistgelegenheiten, möglichst sollten auf 2 Paare 3 Nistkästen kommen. Es empfiehlt sich, auch Kästen für die ausgeflogenen Jungvögel aufzuhängen, die von ihnen gerne zum Schlafen aufgesucht werden oder als Zufluchtstätte dienen können. Dabei müssen die Kästen möglichst weit voneinander angebracht werden, um nachbarliche Rivalitäten unter den Tieren zu vermeiden.

Bei dieser Unterbringungsart hat man die Möglichkeit, einen größeren Futterplatz mit Anflugstange herzurichten. Hierbei sei auf af Enejhelm (1968) verwiesen, der vorschlägt, eine Art Futterbrett aus umgebogenem, stabilem Vierkantgeflecht herzustellen, auf welches die verschiedenen Näpfe gestellt werden können. Ein solcher Futterplatz bleibt immer sauber (die leeren Samenhülsen fallen durch das Drahtgeflecht auf den Volierenboden) und kann bei entsprechender Bauweise von außen versorgt werden.

Es ist selbstverständlich, daß eine solche Innenvoliere während der meisten Zeit des Tages ausreichend Helligkeit und nicht zuletzt auch Sonneneinfall haben sollte. Trotzdem muß der Raum auch mit Lampen versehen sein, um an den düsteren Herbst- und Winternachmittagen den Tag verlängern zu können (sehr geeignet hierfür sind stromsparende Leuchtstoffröhren).

Die Haltung in **Freivolieren**, wenn sie richtig praktiziert wird, ist die beste Art, unsere Papageien unterzubringen, da die Bedingungen in Freivolieren der natürlichen Lebensweise wohl am nächsten kommen. Allerdings muß man Verschiedenes beachten, um an einer derartigen Freivoliere die richtige Freude haben zu können.

In der Regel besteht eine Voliere aus einem Innenraum, dem ein Freiflug angeschlossen ist. Der Flugraum sollte in unserem Falle etwa die Größe von

Abb. 9 (oben): Rosenköpfchen Blaugelbgescheckt (Pastellblaugelbgescheckt) – stark aufgehellt (s. Seite 99). Abb. 10 (unten links): Rosenköpfchen Blaugelbgescheckt (Pastellblaugelbgescheckt) (s. Seite 99). Abb. 11 (unten rechts): Rosenköpfchen Blaugelbgescheckt (Pastellblaugelbgescheckt) – stark aufgehellt (s. Seite 99).

1,5 × 3 m haben, während für den Schutzraum ein Maß von etwa 1,5 × 2 m völlig ausreichend ist. Bei begrenztem Platzangebot genügt auch ein kleinerer Flugraum als angegeben. Als Baumaterialien können verschiedene Stoffe Verwendung finden: so z. B. Eternit, Holz, Glas und Steine. Die Auswahl richtet sich wohl in erster Linie nach den finanziellen Möglichkeiten des Liebhabers. Zweckmäßig beginnt man den Volierenbau mit einem soliden Betonsockel, der wenigstens 80 cm in den Boden reichen sollte. Der Schutzraum wird am besten aus soliden Mauersteinen gebaut und sollte möglichst gut isoliert werden (Styropor und/oder Glaswolle). Ein gutes Dach läßt sich leicht aus Eternit- oder lichtdurchlässigen Wellplatten schaffen oder aber man verwendet die weitaus billigere, althergebrachte Dachpappe. Der Schutzraum sollte möglichst einen etwa 1 m breiten Gang aufweisen, von dem aus die Volieren versorgt werden können. Außerdem ist es nahezu unerläßlich, diesen Raum mit Strom, Wasser und in erster Linie einer Wärmequelle auszustatten. Die Heizung einer solchen Voliere kann auf verschiedene Arten erfolgen. Die einfachste und zugleich kostensparendste Möglichkeit (bei guter Isolierung) ist der Anschluß an die Zentralheizung des Wohnhauses. In anderen Fällen leisten elektrische Heizkörper oder Ölöfen gute Dienste. Am besten werden diese Geräte in dem bereits erwähnten Gang untergebracht, so daß keine Verbrennungsgefahr für die Tiere besteht. Ansonsten wird der Schutzraum etwa, wie unter „Zimmervolieren" beschrieben, hergerichtet.

Der Freiflugraum schließt sich direkt an den Schutzraum an und sollte auch auf einem soliden Fundament ruhen, um allen lästigen Nagern ein Eindringen unmöglich zu machen. Auf diesem Fundament läßt sich mit Hilfe von Dübeln und Schrauben leicht eine stabile Holzkonstruktion befestigen, wobei die Vierkanthölzer natürlich mit einem Holzimprägnierungsmittel gestrichen werden sollten. Auch hier ist es wiederum angebracht, verzinktes Viereckgeflecht zu verwenden, das von innen an die Rahmen genagelt werden muß, um die Holzteile vor den Schnäbeln der Tiere zu schützen. In diesem Fall ist es jedoch unerläßlich, das Drahtgeflecht zu streichen, um zu starke Oxydation zu vermeiden, denn auch verzinktes, nicht behandeltes Geflecht hält nicht ewig. Mittels einer Anstreicherrolle lassen sich auch große Drahtflächen mühelos mit einem dauerhaften An-

Abb. 12 (oben links): Rosenköpfchen Gelb (Jap. Golden Cherry) (s. Seite 108). Abb. 13 (oben rechts): Rosenköpfchen Gelb (Jap. Golden Cherry) (s. Seite 108). Abb. 14 (unten links): Rosenköpfchen Weiß (Jap. Golden Cherry) (s. Seite 108). Abb. 15 (unten rechts): Rosenköpfchen Gelb-gesäumt (Amerik. Golden Cherry) (s. Seite 117).

strich versehen. Zum Schutz gegen schlechte Witterung sollte etwa ⅓ des Freiflugraumes mit einer Überdachung versehen werden. Diese besteht am besten aus Lichtglas- oder Plexiglasplatten. Notfalls kann auch jeder andere witterungsbeständige, lichtdurchlässige Baustoff Verwendung finden.

Der Boden des Innenraums besteht zweckmäßigerweise aus gegossenem Beton. Im Außenflugraum können Platten verlegt werden oder der Untergrund wird einfach mit einer dicken Sandschicht versehen. In diesem Falle sind aber ausreichende Fundamente unbedingt Voraussetzung. Allerdings muß der Boden einmal im Jahr wenigstens 30 cm tief ausgehoben und erneuert werden.

Die Einrichtung einer solchen Voliere wirft keine Probleme auf. Als Sitzstangen dienen kleine, reich verzweigte Bäumchen oder Naturzweige (Obstbaum, Weide), deren Stärke auf die Größe der zu pflegenden Papageien abgestimmt wird. Gleichzeitig dienen sie den Vögeln zum Benagen (als Beschäftigung) und fördern die Darmregulierung. Außerdem können sie jederzeit leicht ersetzt werden. Futterplatz und Nistkästen sollten sich möglichst im Innenraum befinden. Die Verbindung zwischen Innenraum und Außenflug schafft eine etwa 20 × 20 cm große Klappe, die verschließbar sein muß. Es ist wohl unnötig zu sagen, daß sowohl Futternäpfe als auch Badeschalen usw. nicht unter den Sitzstangen stehen sollten, damit keine allzu groben Verschmutzungen entstehen.

Die verschiedenen Detailfragen, die sich beim Selbstbau von Volieren stellen, wird ein einigermaßen gewandter Handwerker jedoch nach einigen Überlegungen selbst lösen können. Es würde auch wohl den Rahmen dieses Buches übersteigen, komplette Bauanleitungen für verschiedene Volierentypen zu liefern. Im einzelnen sei auf Spezialliteratur wie Aschenborn „Bau und Einrichtung von Gartenvolieren“ verwiesen.

Die letzte und weitaus schwierigste Art Unzertrennliche zu pflegen, ist die Haltung im **Freiflug**. Zahlreiche Versuche sind gemacht worden, nach denen es möglich sein soll, diese Kleinpapageien völlig ohne Gitter zu halten. Natürlich läßt sich ein derartiger Versuch nur in sehr ländlichen Gegenden durchführen, wo die mannigfachen Gefahren der Zivilisation (wie z. B. Verkehr usw.) größtenteils nicht existieren. Am besten beginnt man ein derartiges Experiment folgendermaßen: Man setzt ein in der Jungenaufzucht erprobtes Paar (kein Jungpaar) in einem geschützten Käfig im Garten zur Zucht an. Der Käfig muß so aufgestellt werden, daß keinerlei Störenfriede (wie z. B. Katzen, Ratten, Mäuse) die Tiere beunruhigen, und trotzdem sollten die Vögel die Gegend übersehen können. Auch sollte das Experiment nur zu einer Zeit gewagt werden, wo in der Natur Nahrungsmittel für die Tiere in Hülle und Fülle zur Verfügung stehen. Achten Sie jedoch auf Obstbäume und Getreidefelder, die mit Insektenvernichtungsmitteln gespritzt sind.

Sobald nun Junge im Kasten sind, die schon einige Tage gut gefüttert wurden, kann an der Vorderseite des Käfigs das Drahtgeflecht entfernt werden. In der Regel werden nun die Eltern anfangs kurze und hinterher recht ausgedehnte Ausflüge unternehmen, von denen sie aber in den meisten Fällen (wegen des starken Fütterungstriebes) zurückkehren, um ihre Jungtiere zu versorgen. Dennoch sollte man weiterhin die Vogelfamilie ausreichend mit Futter versehen.
Sobald nun die Jungtiere selbständig werden, besteht die ziemlich große Gefahr, daß die Vögel vorübergehend oder auch endgültig in andere Gegenden abwandern. Deshalb sollte man die Elterntiere, im allgemeinen kurz vor dem Ausfliegen der Jungtiere, wieder einfangen. Dies geschieht am besten nachts, wenn beide Elterntiere ohnehin im Nistkasten schlafen. Empfehlen möchten wir diese Haltungsart auf keinen Fall, da sie doch zu recht hohen Verlusten führen kann, sei es daß sich die Eltern verfliegen oder an gespritztem Obst vergiften. Durch ihre auffällige Färbung werden die Papageien auch leicht eine Beute des Raubwilds. Es handelt sich lediglich um ein interessantes Experiment, dessen Durchführung in die Verantwortung eines jeden einzelnen gestellt sei.
Es gibt zur Zeit kein Gesetz, welches den Freiflug von Papageien ausdrücklich verbietet. Die am 1. 7. 1981 erschienene Neufassung des Bundesnaturschutzgesetzes besagt jedoch sinngemäß folgendes (§ 44): „Gebietsfremde Tiere dürfen in der freien Natur weder ausgesetzt noch angesiedelt werden." Um ein Aussetzen von Tieren wird es sich in unserem Fall sicherlich nicht handeln. Auch von einer Ansiedlung der Vögel kann unseres Erachtens nicht die Rede sein, denn der Halter beabsichtigt nicht, die Unzertrennlichen ganzjährig in das bestehende Biotop zu entlassen und somit zu versuchen, die Tiere bodenständig zu machen. Vielmehr wird er nach wie vor für das Wohlbefinden seiner Schützlinge Sorge tragen, weil er weiß, daß diese nicht in der Lage wären, sich den vorhandenen Lebensbedingungen anzupassen. Sollten Sie einen derartigen Versuch wagen wollen, nehmen Sie dennoch besser ein minderwertiges Zuchtpaar und rechnen von vornherein mit dem Verlust. Allerdings wäre ein gelungener Versuch mit freifliegenden Unzertrennlichen für jeden Vogelliebhaber ein besonderes Erlebnis, wenn es auch sicher Ärger mit den Nachbarn wegen der benagten Obstbäume geben dürfte.

Ernährung

Oberster Grundsatz für die Haltung von Tieren (in diesem Falle Papageien) in Gefangenschaft soll und muß eine möglichst abwechslungsreiche Ernährung sein. Man ist zwar niemals in der Lage, den Tieren ein derart reichhaltiges Futter zu verschaffen, wie sie es in der Freiheit vorfinden, aber immerhin gibt es eine ganze Reihe von Möglichkeiten, den Speiseplan der Vögel vielseitig zu gestalten. Das Hauptfutter für Unzertrennliche besteht aus feinen Sämereien. So läßt sich aus gutem Wellensittichfutter, Hafer, Waldvogelfutter, Silberhirse und Glanz eine Mischung herstellen, die von den meisten Unzertrennlichen gerne genommen wird. Dazu sollten in einem gesonderten Futternapf gelegentlich Sonnenblumenkerne zur Verfügung stehen. In fast allen Zoofachgeschäften ist eine gute Großsittich-Futtermischung erhältlich.
Ein weiteres wichtiges Futter, das speziell im Winter (während der „vitaminarmen Jahreszeit") und in der Zuchtzeit sehr wertvoll sein kann, sind gekeimte Sämereien. Als solche eignen sich Hafer, Weizen, Sonnenblumenkerne, Hirse usw. Die Herstellung dieses Keimfutters ist relativ einfach und sei im folgenden erläutert:
Man gibt die erforderliche Menge in ein Gefäß mit Wasser, so daß die Samen vom Wasser bedeckt sind, und läßt sie 24 Stunden in dem Behältnis. Danach gibt man die Saat in ein Sieb, spült sie gründlich durch und verteilt sie auf kleine drahtbespannte Rahmen (ca. 2–3 cm übereinanderschichten). Am besten versieht man diese Rahmen mit kleinen Füßen, so daß von allen Seiten Luft zirkulieren kann. Nach ein oder zwei weiteren Tagen spült man die Samen nochmals gründlich durch und verfüttert sie dann an die Tiere. Die Keime sind jetzt durchgebrochen und besitzen einen ziemlich hohen Vitamingehalt. Man hüte sich jedoch vor Schimmelpilzbildung, die eine Darmerkrankung der Vögel zur Folge haben könnte. Die Verwendung von 1%iger Formalinlösung beim Quellen der Samen verhindert die Bildung dieser Schimmelpilze. Im Winter läßt sich hervorragendes Grünfutter leicht selbst herstellen, indem man Hafer, Weizen, Hirse oder Sonnenblumenkerne in flachen Schälchen aussät und dann die keimenden Pflänzchen (etwa 3–4 cm hoch) an die Vögel verfüttert. Ferner sollten die Vögel täglich Obst, Beeren und Grünfutter erhalten. An Obst sind Äpfel zu allen Jahreszeiten günstig zu bekommen. Wertvoller jedoch sind Birnen und Möhren. An Beeren bieten sich im Sommer und Herbst Hagebuttenfrüchte und Ebereschenbeeren an, die sich auch einfrieren lassen. Eine wahrhaft reichhaltige Auswahl kann man zum Thema Grünfutter nennen (s. Tabelle). Allen voran hat gewöhnliche Petersilie den höchsten Vitamingehalt, wird aber nicht von allen Vögeln genommen.

	Haupt-bestandteile			Mineralstoffe					Vitamine			
Nährstoffe in 100 g eßbarem Anteil	Eiweiß g	Fett g	Kohlehydrate g	Natrium mg	Kalium mg	Calcium mg	Phosphor mg	Eisen mg	A I.E.	B_1 µg	B_2 µg	C mg
Kopfsalat	1,2	0,2	1,7	8	220	20	35	0,6	1500	60	90	10
Endivien	1,7	0,2	2,0	50	350	50	50	1,4	900	52	120	9
Spinat	2,4	0,4	2,4	60	660	110	48	3,0	8200	86	240	47
Mangold	2,1	0,3	2,9	90	380	100	40	2,7	5900	100	160	40
Rapunzel	1,8	0,4	2,6	4	420	30	50	2,0	7000	65	80	30
Petersilie	4,4	0,4	9,8	30	1000	240	130	8,0	12080	140	300	170
Möhren	1,0	0,2	7,3	45	280	35	30	0,7	13500	70	55	6
Rote Beete	1,5	0,1	7,6	86	340	30	45	0,9	180	22	40	10
Radieschen	1,0	0,1	3,5	17	255	34	26	1,5	38	33	30	30

Weiterhin eignet sich Endiviensalat, Löwenzahn, Spinat, Mangold und Vogelmiere. Bei der Verfütterung von normalem Salat sollte man allerdings bedenken, daß dieser zum größten Teil Wasser enthält und damit wenig nahrhaft ist (Vorsicht bei gespritztem Gemüse!).
Ein sehr wertvolles Nahrungsmittel, welches von den meisten Papageien gern genommen wird, ist halbreifer Mais (Milchreife). Leider steht Mais nur im Spätsommer zur Verfügung. Wer über eine Gefriertruhe verfügt, kann sich für den Winter entsprechende Mengen einfrieren. Zweckmäßig beginnt man zuerst mit der Verfütterung von sehr kleinen Mengen, da ein derartiger, plötzlicher Futterzusatz leicht zu Verdauungsschwierigkeiten führen kann.
Alle Agaporniden nehmen, wenn sie daran gewöhnt sind, sehr gerne im Handel erhältliches Eifutter zu sich, dies besonders während der Aufzucht der Jungen. Man kann das Eifutter gut mit gekeimten Sämereien vermischen, muß dann aber darauf achten, daß keine Schimmelbildung eintritt oder daß das Futter nicht sauer wird.
Weiterhin ist die Zufütterung von Mineralstoffen unerläßlich. In Form von Picksteinen oder Sepiaschalen lassen sich die unbedingt notwendigen Mineralstoffe und Spurenelemente den Tieren zuführen. Ferner sollte man einen guten mit Muschelkalk angereicherten Vogelsand als Bodenbelag für die Käfige verwenden.
Eigentlich selbstverständlich ist es, daß die Vögel wenigstens einmal täglich frisches Wasser erhalten. Denn gerade durch eine verschmutzte Tränke können sehr schnell Krankheitskeime (es muß nur ein Vogel krank sein) auf den gesam-

ten Vogelbestand übertragen werden. Dem Trinkwasser können täglich einige Tropfen Avisanol, ein Calciumpräparat, welches das Wasser keimfrei und mineralhaltig macht, zugeführt werden.
Zum Schluß sei gesagt, daß die Tiere mindestens einmal in der Woche frische Obstbaum- oder Weidenzweige zum Benagen erhalten sollten. Dies läßt keine Langeweile aufkommen und dient dem Wetzen des Schnabels. Außerdem befinden sich unter der Rinde wertvolle Stoffe, die der Gesunderhaltung (Darmregulierung) der Vögel dienen.
Füttert man sehr vielseitig (Grün-, Keim- und Eifutter), so ist in der Regel eine Zugabe von Vitaminpräparaten nicht notwendig. Bei Stubenvögeln, die ausschließlich mit Körnerfutter ernährt werden, treten jedoch sehr häufig Vitaminmangelkrankheiten auf, da vor allem die Vitamine A, B_1, D, E und die Carotine bei längerer Lagerung schnell ihre Wirksamkeit verlieren.
Im Handel sind zahlreiche gute Vitamin-Präparate erhältlich, die man über das Futter oder über das Trinkwasser verabreichen kann. Beim Kauf sollte man jedoch auf das Haltbarkeits-Datum achten. Eine Überdosierung ist kaum möglich; nur durch Aufnahme großer Mengen der Vitamine A oder D über längere Zeit kann es zu Krankheitserscheinungen kommen.
Einige Eifuttersorten sind mit ungesättigten Fettsäuren (essentiellen Aminosäuren) angereichert, die der Körper nicht selbst herstellen kann. Uns erscheint die Zufütterung derartiger Aminosäuren besonders wichtig.

Krankheiten

Obwohl gut eingewöhnte Unzertrennliche wie alle Papageien recht robuste Vögel sind, kann es doch hin und wieder vorkommen, daß Tiere erkranken. Man sollte es sich zum Grundsatz machen, seinen Bestand einmal täglich genau zu inspizieren und jeden Vogel anzuschauen, um ein krank erscheinendes Tier schnellstens isolieren zu können, damit nicht der gesamte Bestand gefährdet wird. Eine Vogelschar kann nur dann optimal versorgt und gepflegt werden, wenn die Größe des Bestandes auf die vorhandene Freizeit des Pflegers abgestimmt ist. Für den ernsthaften Vogelfreund mit normal begrenzter Freizeit dürften 10–15 Paare vollauf genügen. In diesem Fall sind täglich wenigstens 1½ Stunden Zeitaufwand erforderlich. Nehmen die Tiere überhand, wird erfahrungsgemäß die notwendige Sauberhaltung der Käfige und Volieren vernachlässigt, und auf den Käfigböden bildet sich schnell ein idealer Nährboden für Bakterien. Dicke Kotschichten auf dem Käfigboden fordern das Unheil förmlich heraus. Deshalb ist oberstes Gebot, auf möglichst große Sauberkeit zu achten. Trotzdem kann es jedoch passieren,

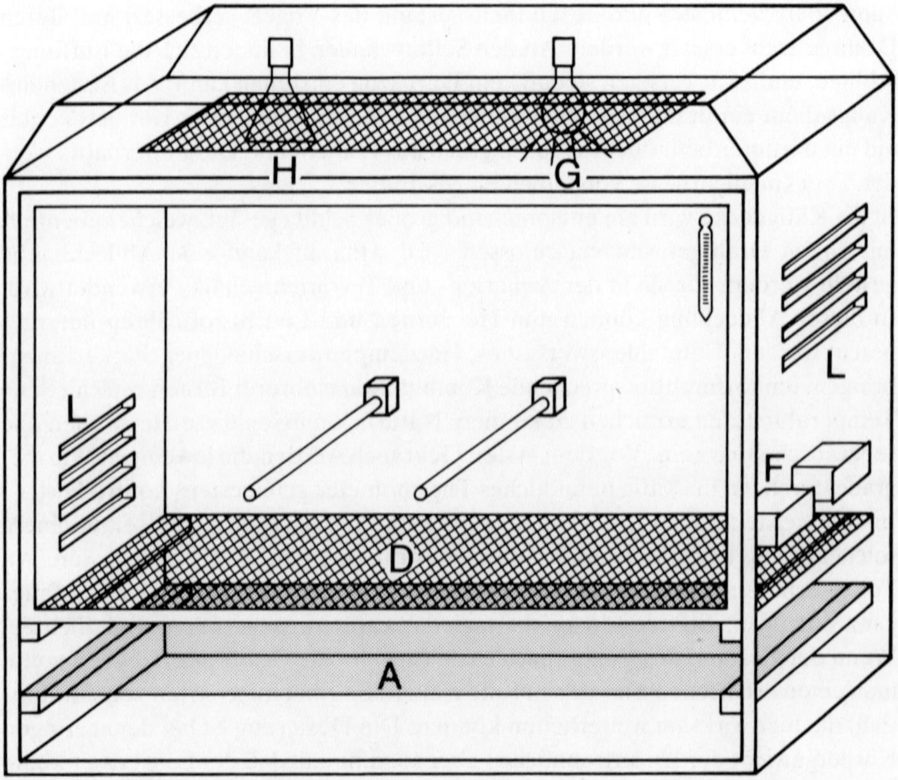

Krankenkäfig: A = Auffangtuch für Kot, D = Drahtrahmen, F = Futternäpfe, G = Glühbirne, H = Heizbirne, L = Lüftungsschlitze

daß hin und wieder ein Vogel erkrankt. Leider gibt es bei den Vögeln nur selten typische Anzeichen, die auf eine bestimmte Krankheit schließen lassen. In den meisten Fällen sitzen die Tiere lediglich aufgeplustert auf dem Boden in einer Ecke des Käfigs oder der Voliere oder auch vor dem Futternapf und schlafen. Den Augen fehlt der gewohnte Glanz. Kranke Vögel ruhen auch häufig auf beiden Beinen, während gesunde Tiere beim Schlafen ihr Körpergewicht auf ein Bein verlegen. Erste Maßnahme ist es, den Vogel unverzüglich zu isolieren. Es ist zweckmäßig, für Krankheitsfälle einen sogenannten Krankenkäfig verfügbar zu haben. In Spezialgeschäften werden diese Käfige immer wieder angeboten, jedoch sind die Preise nicht unerheblich. Findige Bastler bauen selbst einen ebenso zweckmäßigen Käfig (s. Abb.). Der Krankenkäfig entspricht nahezu einem normalen Kistenkäfig. Die Vorderseite wird mit einer Glasscheibe verschlossen,

kann aber, wenn sich der Gesundheitszustand des Vogels verbessert hat, durch Drahtgeflecht ersetzt werden. An den Seitenwänden befinden sich die Lüftungsschlitze, und zwar versetzt, so daß kein Durchzug entstehen kann. Als Boden des Käfigs dient ein drahtbespanntes Rähmchen, durch welches der Kot des Vogels auf ein darunter befindliches Auffangtuch aus Leinen fällt. Die Futternäpfe werden zweckmäßigerweise von außen eingeschoben.
In die Käfigdecke wird ein entsprechend großer Schlitz gesägt, welcher ebenfalls mit einem Drahtgeflecht verschlossen wird. Hierauf kann eine Abdeckhaube gestellt werden, wie sie in der Aquarien- und Terrarientechnik verwendet wird. In dieser Abdeckung können nun Heizbirnen und Leuchtstoffröhren untergebracht werden. Empfehlenswert ist es, Heizlampen verschiedener Stärken anzubringen, um so durch entsprechende Kombination mehrerer Birnen verschiedene Temperaturstufen erreichen zu können. Natürlich müssen diese Heizbirnen alle separat schaltbar sein. Vor dem ersten Gebrauch werden die jeweiligen Wärmegrade durch ein im Käfig befindliches Thermometer genauestens kontrolliert.
In den meisten Fällen genügt es, den erkrankten Vogel für kurze Zeit in einem solchen Käfig bei mittelstarker Wärmebestrahlung (ca. 28 °C) zu belassen. An Futter erhält er nur eine trockene Körnermischung. Das Wasser wird anfangs ganz entzogen. Stattdessen reicht man lauwarmen, ungesüßten Kamillentee. Wenn der Zustand des Vogels nach ca. 2 Tagen keine Besserung aufweist, sollte man einen erfahrenen Tierarzt zu Rate ziehen. Es gibt einige Arten von Antibiotika, die hier wirksam weiterhelfen können. Die Dosierung ist bei dem geringen Körpergewicht der Unzertrennlichen aber so minimal, daß der Laie besser keine eigenen Experimente wagen sollte.
Die Krankheiten der Agapórniden können vielerlei Ursachen haben. Zugluft, starke Temperaturschwankungen im Lebensraum der Vögel, ungeeignetes, mangelhaftes oder verdorbenes Futter und auch psychische Störungen (z.B. Ortswechsel, Fang, Rangkämpfe) können zu einer Schwächung der Abwehrkraft führen und damit die Tiere für Erkrankungen besonders anfällig machen.

Abb. 16 (oben links): Rosenköpfchen Weißgesäumt (Amerik. Silber Cherry) (s. Seite 122). Abb. 17 (oben rechts): Rosenköpfchen Gelbgesäumt-gelbgescheckt (Amerik. Golden Cherry mit Scheckfaktor) (s. Seite 123). Abb. 18 (unten links): Rosenköpfchen Weißgesäumt-gelbgescheckt (Amerik. Silber Cherry mit Scheckfaktor) (s. Seite 123). Abb. 19 (unten rechts): Rosenköpfchen Oliv (s. Seite 127).

Äußere Krankheiten

Frakturen der Knochen und Flügel

Brüche der Extremitäten kommen bei unseren Kleinpapageien an sich recht selten vor. Wird die Fraktur eines Gliedes festgestellt, so ist es in seine ursprüngliche Lage zu bringen und möglichst ruhig zu stellen, da die Brüche sonst nicht verheilen. Schienungen mit Hölzchen u. ä. haben nur im Bereich des Laufknochens oder der Zehen einen Sinn. Bei allen anderen Bruchverletzungen wird auf diese Weise keine vollkommene Ruhigstellung erreicht. In diesen Fällen werden Bein oder Flügel mit Hilfe eines Leukoplastverbandes am Körper fixiert. Der Heilungsvorgang ist in der Regel kurz. Es ergeben sich aber häufiger Schwierigkeiten, weil Papageien erfahrungsgemäß Verbandmaterial, Beinschienen usw. solange „bearbeiten", bis sie sich davon befreit haben.

Verletzungen

Kleine Verletzungen sind normalerweise kein Grund zur Besorgnis. Leichte Blutungen werden mit Eisenchlorid oder Arterenol (Hoechst) gestillt. Meist ist keine andere Behandlung erforderlich. Eine Wundinfektion ist in der Regel nicht zu befürchten.
Tiere mit größeren Wunden (z. B. Kopfverletzungen) werden am besten dem Fachtierarzt vorgestellt, der sie dann gegebenenfalls näht oder anderweitig behandelt.

Parasitäre Erkrankungen

Ektoparasiten

Äußerlich vorkommende Parasiten sind die Rote Vogelmilbe *(Dermanyssus avium)*, die zu den Grabmilben gehörenden Hautmilben und Federlinge *(Mallophaga)*. Treten blutsaugende Schmarotzer, wie z. B. Milben, in größeren Mengen

Abb. 20 (oben links): Rosenköpfchen Dunkelgrün (s. Seite 127). Abb. 21 (oben rechts): Rosenköpfchen Mauve (Pastellblau mit zwei Dunkelfaktoren) (s. Seite 129). Abb. 22 (unten links): Rosenköpfchen Olivgelbgescheckt (s. Seite 134). Abb. 23 (unten rechts): Rosenköpfchen Kobalt (Pastellblau mit zwei Dunkelfaktoren) (s. Seite 129).

auf, stellen sie eine unmittelbare Gefahr für unsere Pfleglinge dar und können unter Umständen zum Tod führen.
Eine Vorbeugung besteht in größtmöglicher Sauberkeit und regelmäßiger Desinfektion der Zuchtabteilungen. Für diesen Zweck haben sich die Mittel AF 404 oder Vigorid hervorragend bewährt.
Eine Behandlung erfolgt durch mehrmalige Anwendung eines Insektizids. Zur Therapie von Hautmilben eignet sich vorzüglich Odylen Neu (Bayer).
Es sind zahlreiche Mittel im Handel, so daß an dieser Stelle keine allgemeingültigen Anwendungsregeln gegeben werden können. Es ist aber unbedingt darauf zu achten, daß die zur Anwendung vorgesehenen Präparate auf den Packungen einen Vermerk tragen, der sie ausdrücklich für Vögel als verträglich bezeichnet. Sprays sollten nur für Stangen u. ä. benutzt werden. Das Ansprühen des Federkleides ist unbedingt zu vermeiden. Zur Behandlung des Gefieders eignen sich besser Puder (z. B. Alugan von Hoechst; Bolfo von Bayer u. a.). In vielen Fällen ist es ratsam, sowohl die Tiere als auch deren Nahrungsmittel nicht direkt mit den Mitteln in Berührung kommen zu lassen.

Endoparasiten

Weitere in letzter Zeit recht häufig vorkommende Parasiten sind Würmer. Wir unterscheiden Spulwürmer *(Ascaridia)*, Haarwürmer *(Capillaria)* und Pfriemenschwänze *(Heterakis)*.
Ein Wurmbefall ist einem Tier nicht unbedingt anzusehen. Wenn jedoch das Gleichgewicht zwischen Wirt und Parasit nicht mehr existiert, kann der Vogel an einem Morgen ohne erkennbare Ursache tot im Käfig liegen. Eine leichte Störung im Ernährungshaushalt des Vogels kann bewirken, daß die Parasiten nicht mehr in Schach gehalten werden können. Auch psychische Gründe können für das Überhandnehmen von Endoparasiten verantwortlich sein.
Wurmeier lassen sich unter dem Mikroskop problemlos im Kot der Tiere nachweisen. Man sollte deshalb wenigstens im jährlichen Rhythmus bei seinem gesamten Bestand Kotuntersuchungen vornehmen lassen.
Als Gegenmittel eignen sich verschiedene Präparate, die den Tieren in der Regel über das Trinkwasser zugeführt werden. Bei Rundwürmern (d. h. Spul- und Haarwürmer) eignet sich Concurat (Bayer) und Panacur (Hoechst). Die seltener vorkommenden Bandwürmer werden mit Yomesan (Bayer) bekämpft.
Manche Präparate lassen sich – wie die Antibiotika – bei dem geringen Körpergewicht der Agaporniden recht schwer dosieren und sind nicht besonders gut verträglich. Es empfiehlt sich deshalb, immer einen erfahrenen Tierarzt zu Rate zu ziehen.

Infektionskrankheiten

Neben verschiedenen bakteriellen und durch Pilze verursachten Infektionen *(Aspergillose)* werden bei Psittaciden auch Viruskrankheiten diagnostiziert.
Um den eigenen Bestand vor Einschleppung einer Infektion zu schützen, sollten neugekaufte Tiere unbedingt mindestens 14 Tage in Quarantäne gehalten und genau beobachtet werden. Der Käfigboden wird vorübergehend mit glattem, weißem Papier bedeckt, um eventuelle Kotveränderungen sichtbar zu machen.
Eine der bekanntesten und zugleich gefährlichsten Infektionskrankheiten ist die **Papageienkrankheit** *(Psittacose)*, die seit 1930 bekannt ist. Sie wurde zuerst durch Amazonenpapageien aus Südamerika nach Deutschland eingeschleppt. Daraufhin erließ die damalige Reichsregierung ein striktes Einfuhrverbot für alle Papageienarten, das aber in der letzten Zeit erfreulicherweise wieder gelockert wurde. Im allgemeinen kann man davon ausgehen, daß alle sich auf dem Markt befindlichen importierten Vögel eine 45tägige Quarantänezeit hinter sich haben und somit erregerfrei sind. Gefahr besteht nach wie vor bei Vögeln aus holländischen Großhandlungen, wo die „Quarantänezeit" kürzer ist als die Inkubationszeit der Psittacose. Mittlerweile wurden die Erreger der Papageienkrankheit auch bei vielen anderen Vogelarten nachgewiesen (z. B. Tauben, Enten, Möwen, Sturmvögeln usw.). In diesem Fall spricht man von „Ornithose".
Leider gibt es keine typischen Krankheitssymptome. Wäßrige Entleerungen, aufgeplustertes Gefieder, matte Augen, stoßweises Atmen und auffallende, plötzliche Zahmheit können Anzeichen dieser Krankheit sein. Sie kann in zwei verschiedenen Formen verlaufen. Einerseits kommt es zu Todesfällen, ohne daß bei den Tieren Anzeichen einer Erkrankung beobachtet wurden, andererseits können infizierte Vögel über Monate den Virus ausscheiden, ohne krank zu erscheinen. Diese „latenten" Ausscheider sind eine große Gefahr für die Zucht.
Dank seiner Größe ließ sich der Psittacose-Erreger schon recht früh erkennen und isolieren. Man stellte fest, daß er mit Antibiotika bekämpft werden kann. Seit 1970 ist die Behandlung erkrankter Bestände erlaubt. Ein Ausbruch der Krankheit ist unverzüglich dem zuständigen Veterinäraufsichtsamt anzuzeigen. Auch eine Behandlung darf nur von amtlicher Seite aus erfolgen. Sie wird mit Tetracyclinen durchgeführt. Während der Behandlung müssen den Tieren ständig ausreichend Vitamine zugeführt werden, nach ihrem Abschluß (bei *Agapornis*-Arten ca. 30 Tage) muß der Kot erregerfrei sein.
Auch für Menschen bilden infizierte Papageien eine akute Ansteckungsgefahr. Die Inkubationszeit beträgt ca. 7–14 Tage. Die Krankheit äußert sich als fiebrige Lungenentzündung, welche keineswegs zu bagatellisieren ist. Sie wird ebenfalls mit Tetracyclinen bekämpft.

Sonstige krankhafte Erscheinungen

Vitaminmangelkrankheiten

Vitaminmangelkrankheiten kommen in einem gut gepflegten Bestand nur selten vor. Durch geeignete Fütterung kann man dieser Krankheit vorbeugen. Das Verabreichen eines Multivitaminpräparates, in schlimmen Fällen durch direktes Einspritzen in den Brustmuskel, führt oft zur vollständigen Wiederherstellung der Tiere.

Legenot

Bei Legenot sind die Weibchen nicht in der Lage, ein ausgebildetes Ei abzulegen. Ursachen können sein: Konditionsschwäche, Überanstrengung durch zu viele Bruten, Eiablage bei Kälte, Kalkmangel, zu junge Zuchttiere. Hier ist auf jeden Fall Vorbeugung besser als Heilung. Wenn man die genannten Ursachen abstellt, abwechslungsreich füttert (Vitamine, Mineralstoffe) und vielleicht etwas Lebertran reicht, kommt es selten zur Legenot. Ein erkrankter Vogel sitzt aufgeplustert am Käfigboden und weist einen dicken Hinterleib auf. Bei vorsichtigem Abtasten des Bauchbereiches ist das normale, mit einer Kalkschale umgebene Ei fühlbar. Bei dem Versuch des Tieres, das Ei auszutreiben, kommt es gelegentlich vor, daß der Eileiter mit dem Ei vorfällt. Die Ursache ist häufig eine rauhe Eischale. Rasches Eingreifen ist notwendig, sonst stirbt der Vogel. Man bringt ihn im erwärmten Krankenkäfig unter und reibt den Hinterleib der Henne mit einigen Tropfen erwärmtem Öl ein oder träufelt einige Tropfen in die Kloake. In der Regel geht das Ei nach wenigen Stunden ab, und der Vogel erholt sich schnell wieder. Gut bewährt hat sich auch die Bestrahlung mit Rotlicht, die unbedenklich über einen längeren Zeitraum erfolgen kann. Die Lampe wird dabei in einem Abstand von ca. 60 cm vom Käfig aufgestellt.

Federrupfen

Hin und wieder kann man beobachten, daß Unzertrennliche sich selbst, dem Partner oder den noch nicht selbständigen Jungtieren Federn rupfen. In der Regel beschränkt sich diese Unart jedoch auf Zuchtvögel, die ihren Jungen die frisch sprießenden Federn ausziehen.

Ursachen können sein:
a) mangelhafte Ernährung

b) Langeweile
c) ungünstige klimatische Bedingungen (z. B. große Lufttrockenheit)
d) psychische Störungen
e) Hauterkrankungen

Bei Hauterkrankungen ist die Haut an den Stellen, an denen gezupft wird, am Körper oft verdickt, mit gelblichen Belägen, Blutkrusten und meistens auch mit Pickwunden bedeckt. Hautentzündungen lassen sich oft recht schwer bekämpfen, da Erreger wie Pilze und Bakterien gegen viele Medikamente widerstandsfähig geworden sind. Es ist ratsam, in hartnäckigen Fällen vom Tierarzt einen Hautabstrich machen zu lassen, um zu bestimmen, welche Salbe oder Tinktur wirksam sein könnte. In allen anderen Fällen (a–d) ist die wichtigste Maßnahme, die jeweilige Ursache abzustellen, d. h. die Tiere sollten unter wesentlich besseren Bedingungen gehalten werden. Wichtig ist eine ausgewogene Ernährung (u. a. tierisches Eiweiß, Mehlwürmer, gekochte Eier). Ferner sollte immer für Beschäftigung gesorgt sein (frische Zweige zum Benagen, Picksteine). Auch eine tägliche Dusche schätzen die meisten Unzertrennlichen.
Haben die Tiere erst einmal mit dem Federrupfen begonnen, ist es schwierig, sie wieder davon abzubringen. Hier ist es besser vorzubeugen als Abhilfe schaffen zu müssen.

Die natürliche Mauser

Eigentlich gehört die jährlich sich wiederholende Mauser nicht zum Krankheitskapitel. Jedoch gibt es für Halter und Züchter während der Mauserzeit einiges zu beachten. Die Mauser dient dazu, abgenutzte Federn in bestimmten Abständen zu erneuern. Während dieser Zeit sind die Vögel aber im allgemeinen weder flugunfähig noch zeigen sich deutliche Lücken im Gefieder. Beim Ankauf von neuen Vögeln empfiehlt es sich deshalb, genauestens den Gefiederzustand der Tiere zu untersuchen. Bei Importen sieht man oft abgebrochene und stumpfe Federn. Diese wachsen in der Regel bei der nächsten Mauser einwandfrei wieder nach. Kahlstellen im Gefieder jedoch sollten näher untersucht werden. Oft stecken andere Ursachen dahinter als nur die Mauser, wie meist behauptet wird. Während der Mauserzeit ist die Widerstandskraft der Vögel stark herabgesetzt. Durch besonders gute Ernährung und regelmäßige Vitamin- und Mineralstoffbeigaben sollte man diesem Umstand Rechnung tragen. In der Regel verläuft der Federwechsel reibungslos und ist in kurzer Zeit überstanden. Mit zunehmendem Alter kann die Farbintensität des Federkleides zunehmen.

Unzertrennliche als zahme Hausgenossen?

Hinter dieser Überschrift steht ein Fragezeichen, weil bei vielen Liebhabern immer noch die Meinung vorherrscht, junge Agaporniden ließen sich auf keinen Fall zu liebenswerten und vor allen Dingen zahmen Zimmergenossen machen. Das ist jedoch ein weit verbreiteter Irrtum. Vor allem die Rosenköpfchen und die Unzertrennlichen mit den weißen Augenringen zeigen eine besondere Neigung, sich dem Menschen voll anzuschließen; außerdem gelten sie als intelligenteste Arten innerhalb der Agapornidengattung und finden sich somit recht schnell mit dem Leben im Zimmerkäfig ab. Dagegen wäre es unverantwortlich, *A. cana, A. taranta* oder möglicherweise sogar *A. pullaria* für solche doch recht eigennützigen Zwecke zu mißbrauchen. Diese Arten gehören in die Volieren, wo sie Nachzuchten bringen können, um den Bestand in Gefangenschaft zu erhalten.

Wichtige Voraussetzung für unser Vorhaben ist das Alter des Jungvogels. Am besten eignet sich ein gerade selbständig gewordenes, etwa sieben Wochen altes Tier. Man bringt es einzeln in einem großen Zimmerkäfig unter (Größe etwa wie für Nymphensittiche, d. h. mindestens 50 cm). Die Gitterstäbe müssen waagerecht verlaufen, um dem Tier viele Klettermöglichkeiten zu geben. Futter und Wasser sollten vorher schon bereitstehen. Auch ist es gut, eine Handvoll Hirsesaat auf den Boden zu streuen, damit das Tier sich schnell ans eigenständige Fressen gewöhnt. Den Käfig bringt man am besten in Augenhöhe an, in einer hellen, zugfreien Zimmerecke. Küche und Eßzimmer sind dagegen aus hygienischen Gründen nicht besonders zu empfehlen, denn man sollte nicht vergessen, daß auch ein einzeln gehaltener Vogel nicht dauernd ruhig auf der Stange sitzt, sondern dann und wann von seinen Flügeln Gebrauch macht und auf diese Weise einigen Schmutz verbreitet.

Während der ersten zwei Wochen muß man dem Pflegling Gelegenheit geben, sich an sein neues Heim und die Umwelt zu gewöhnen. Am besten vermeidet man in dieser Zeit alle hastigen Bewegungen und alle lauten Geräusche, um ihn nicht zu erschrecken, und spricht ihn nur mit ausgeglichener, ruhiger Stimme an, um sein Vertrauen zu gewinnen. Man reicht ihm Leckerbissen durch den Draht (Kolbenhirse, Obststücke), die er dann bald gern von der Hand nimmt. Nach einiger Zeit kann man dann versuchen, die Tür des Bauers zu öffnen und den Vogel vor-

sichtig an die Hand zu gewöhnen. Weicht er die ersten Male aus, lassen Sie ihn gewähren. Eines Tages steigt er freiwillig auf den bereitgehaltenen Finger. Erst wenn er sich vollkommen an die Hand gewöhnt hat, versucht man, ihn, auf dem Finger sitzend, aus dem Käfig zu holen; dabei redet man ruhig auf das Tier ein. In vielen Fällen ist es dann schon so zutraulich, daß es sich kraulen und streicheln läßt. Oberstes Gebot bei einem solchen Zähmungsversuch ist also Geduld, denn mit Geduld, behaupten viele Liebhaber, läßt sich selbst ein störrischer Papagei in einen liebenswerten Hausgenossen verwandeln.
In einigen uns bekannten Fällen geht die „Liebe" soweit, daß die Tiere möglichst während des ganzen Tages auf Kopf und Schulter des „vertrauten" Menschen sitzen wollen. So kann ein zahmer Unzertrennlicher schlichtweg der ideale gefiederte Mitbewohner sein: Er stellt keine großen Ansprüche hinsichtlich der Ernährung, braucht wenig Platz, verbreitet viel weniger Schmutz als größere Papageien und zeichnet sich durch ein liebenswürdiges, gutmütiges Wesen aus.
Dabei wird auch deutlich, daß die weitverbreitete Ansicht, Unzertrennliche dürften nur paarweise gehalten werden, irrig ist. Tatsächlich brauchen diese Tiere zwar immer einen Bezugspunkt, um sich richtig wohlzufühlen, aber dieser Bezugspunkt muß nicht ausschließlich ein zweiter Vogel sein; auch der Mensch wird als „Partner" angenommen, dem sich das Tier vollständig anschließt. Voraussetzung für die Haltung eines einzelnen Agaporniden ist, daß man sich ständig persönlich mit dem Tier beschäftigt, damit sein Drang zur „Partnerschaft" erfüllt wird. Andernfalls kommt es zu psychischen Störungen, die mit dem Tode des Vogels enden können.
An die Sprechbegabung dieser Zwerge darf man allerdings keine großen Ansprüche stellen. Es wird zwar in der Literatur von wenigen Ausnahmen berichtet, die einzelne Worte oder auch kleine Sätze mehr oder weniger deutlich nachahmen konnten, begegnet sind wir einem solchen Vogel bisher allerdings nicht. Handzahme Agaporniden sind für die Zucht in der Regel allerdings nicht mehr zu gebrauchen, da sie vollkommen auf den Menschen geprägt sind.

Verhaltensweisen bei Agaporniden

Die nachfolgenden Ausführungen stützten sich auf Beobachtungen des amerikanischen Ornithologen W. C. Dilger von der Cornell University, Ithaca/New York, die er 1960 in der „Zeitschrift für Tierpsychologie" veröffentlichte.

Verhalten der Nestlinge

Einige Stunden vor dem Schlüpfen vernimmt man das Piepen des Jungvogels innerhalb der Schale. Beim Schlupf bricht das Ei am stumpfen Pol auf. Durch kräftige Beinbewegung befreit sich das Jungtier danach vollständig aus der Schale. Innerhalb kürzester Zeit sind die Dunenfedern trocken und das Junge wird gleich während der ersten Stunde von der Mutter gefüttert. Nach wenigen Tagen beteiligt sich auch der Hahn an der Fütterung der Jungtiere.

Die Augen der Jungvögel öffnen sich 11 Tage nach dem Schlüpfen bei *A. roseicollis* und den Rassen der Art *A. personata.* Bei *A. cana* dauert dies 14 Tage, bei *A. taranta* 15 Tage.

Keine der *Agapornis*-Arten zeigt bis zum Öffnen der Augen Anzeichen von Furcht. Später jedoch trachten sie alle danach, dem Beobachter zu entfliehen. Manchmal neigen Jungtiere während des Flüggewerdens zum Beißen; behutsam aufgezogene Tiere beißen nach unseren Erfahrungen in der Regel nicht.

Alle Agapornidenjungen zeigen die Tendenz, sich zu entleeren, wenn sie im Nest gestört werden. Die Ausscheidungen sind dünnflüssig und reichlich.

Während der Nestlingszeit putzen die Jungen sich selbst und gegenseitig das Gefieder. Oft werden sie auch von den Eltern dabei unterstützt.

Zur Zeit des Ausfliegens ist das gesamte Gefieder einschließlich des Schwanzes voll entwickelt. Unmittelbar nach Verlassen der Nesthöhle sind sie zu ausdauerndem Flug fähig. Ihre Manövrierfähigkeit ist beschränkt, verbessert sich jedoch nach kurzer Zeit. Die Vögel verlassen den Nistkasten in den ersten Tagen nur selten, um bei der geringsten Störung wieder darin zu verschwinden. Erst langsam findet eine Gewöhnung an das Leben außerhalb der Nesthöhle statt. Auch die Zeit, die die Jungtiere draußen verbringen, wird immer länger. Eines Tages kehren sie schließlich nicht mehr in den schützenden Kasten zurück.

Auch nach dem Ausfliegen fahren die Jungen noch einige Tage fort, um Futter zu betteln, indem sie, während sie quiekende Bettellaute ausstoßen, den geöffneten Schnabel einem anderen Vogel entgegenstrecken. Gewöhnlich wird bei den Eltern gebettelt, ausnahmsweise können jedoch auch Geschwister oder andere Vögel der Brutkolonie angebettelt werden. Es kommt dann hin und wieder sogar vor, daß ein Junges ein anderes füttert.

Abb. 24 (oben): Rosenköpfchen Lutino (s. Seite 134). Abb. 25 (unten): Rosenköpfchen Vergleich der Bürzel von Blau (Pastellblau) und Kobalt (Pastellblau mit einem Dunkelfaktor) (s. Seite 89 und 129).

Bewegungsabläufe

Alle Arten fliegen schnell und gewandt und sind zu scharfen Wendungen bei hoher Geschwindigkeit fähig. Bestimmte Bewegungen vor dem Flug dienen dem Zweck, das Gefieder zu glätten, sich zu ducken und den Körper in die beabsichtigte Flugrichtung zu drehen. Wie alle anderen Papageien gebrauchen auch die Unzertrennlichen ihren Schnabel als Hilfsmittel beim Klettern.
Kampfverhalten: Das Glätten des Gefieders und Bewegungsabläufe gegen ein anderes Tier deuten auf den Trieb anzugreifen, Gefiedersträuben und Bewegungsweisen von einem anderen Tier weg lassen auf den Drang zu fliehen schließen. Diese Verhaltensschemata haben sicherlich eine Signalfunktion, die sich nach offenbaren Gegenwirkungen richtet. Die Rassen der *personata*-Gruppe und *A. roseicollis* zeigen ein ausgeprägtes Sozialverhalten und haben viele Hemmschwellen in bezug auf das gegenseitige Beißen entwickelt. Der biologische Vorteil ist angesichts der kräftigen Schnäbel dieser Arten klar ersichtlich.
Schnabelfechten: Ein hoch ritualisiertes Verhalten scheint das Schnabelfechten zu sein. Der Angriff gilt bei den Unzertrennlichen stets den Zehen des Gegners, wird jedoch von diesem mit dem Schnabel pariert. Häufig ist Schnabelfechten nur ein Scheinkampf, in welchem rasche Abwehrbewegungen und Angriffe vollführt werden, scheinbar ohne den ernsthaften Versuch, den Gegner wirklich zu beißen. Sogar bei den seltenen, heftigen Gefechten zwischen Altvögeln kommen ernsthafte Bisse nur gelegentlich vor. Es besteht eine starke Hemmung, einen Gegner irgendwo außer an den Zehen zu beißen, sogar wenn sich innerhalb eines solchen Gefechts eine Möglichkeit dazu ergäbe.
Will ein Vogel eines Paares den anderen dazu bewegen, zur Seite zu rücken, wird er ihn zart in die nächste Zehe kneifen oder eine Bewegung ausführen, als wolle er dies tun. Das hat kein Schnabelgefecht zur Folge, der „angegriffene“ Vogel bewegt sich dann lediglich, ohne Eile, von der Stelle.
Wirkliche Beißangriffe sind nur bei *A. cana, A. taranta* und *A. pullaria* zu beobachten. Sie scheinen in ihren Aktionen weniger gehemmt zu sein. Auch besitzen sie mehr Entfaltungsmöglichkeiten bei ihrem Angriffs- und Fluchtverhalten, als die sozialeren Arten.

Fortpflanzung

Schon nach der ersten großen Mauser beginnen die Vögel mit der Partnersuche. Nachdem sie ihre Wahl getroffen haben, bleiben die Vögel gewöhnlich bis zum Tod eines Partners zusammen. Auch Jungtiere gehen hin und wieder Paarbindungen ein. Diese sind in der Regel heterosexuell, gelegentlich kommen jedoch

auch gleichgeschlechtliche Verbindungen vor, die nach Eintritt der Geschlechtsreife allerdings nicht mehr aufrecht erhalten werden. Homosexuelle Paarbindungen sind nur bei den sozialeren Arten, nie jedoch bei *A. cana, A. taranta* und *A. pullaria* beobachtet worden.
Bei der Paarbindung zweier gleichgeschlechtlicher Vögel übernimmt ein Vogel die Rolle des männlichen Tieres und einer die des weiblichen Tieres. Trotzdem wird ein „Paar", bestehend aus zwei Hähnen, nie Nistmaterial benutzen und den Nistkasten inspizieren. Zwei Weibchen dagegen errichten zusammen ein Nest, legen dort gemeinsam Eier und bebrüten sie.
Nestbau: Bei Eintritt der Geschlechtsreife zeigen die weiblichen Tiere sofort starkes Interesse an den Nisthöhlungen und beginnen kurze Zeit später mit dem Nestbau. Die Hähne befinden sich immer in deren Nähe, zeigen jedoch mehr Anteilnahme am Verhalten des Weibchens als am Nistgeschehen.
Mit Ausnahme von *A. pullaria,* die in selbstgegrabenen Höhlungen in Termitenhügeln oder in den Gängen baumbewohnender Ameisen nisten, benutzen alle Unzertrennlichen Baumhöhlungen und vergleichbare Nistplätze. Die Ausstattung der Nisthöhlen reicht von spärlichen Nestunterlagen bei *A. cana* und *A. taranta* bis hin zu kunstvoll errichteten Brutkobeln aus kleinen Zweigstücken bei der höchst entwickelten Art *A. personata* und deren Rassen. Nähere Angaben zum Nestbau finden sich bei den Beschreibungen der einzelnen Arten.
Während der Brutzeit sondern sich die primitiveren Arten *A. cana, A. taranta* und *A. pullaria* vom bestehenden Schwarm ab und gehen paarweise dem Brutgeschäft nach. Bei den Rassen von *A. personata* zeigt sich bereits die Tendenz zum gemeinsamen Brutplatz. Bei *A. roseicollis* schließlich handelt es sich um ausgesprochene Koloniebrüter.
Sexualverhalten: Grundsätzlich tritt bei den Hähnen aller Agapornidenarten die Geschlechtsreife eher ein als bei den Weibchen. Diese hingegen reagieren zu Anfang gleichgültig und oft sogar aggressiv auf das Werben der Hähne. Allmählich jedoch zeigen auch sie sexuelle Verhaltensweisen, bis die Zeit gekommen ist, zu welcher sie die Kopulation vollführen können.
Während des Nestbaues, der Eiablage und der ersten Zeit des Brütens bleiben die sexuellen Verhaltensweisen der Männchen unverändert stark erhalten, nehmen während der letzten Bruttage ab und bleiben danach, auch während der Dauer einer zweiten Brut, schwach. Das Sexualverhalten aller Hähne der Gattung ist nahezu identisch.
Partnerfüttern: Partnerfüttern findet bei verpaarten Tieren durchweg das ganze Jahr über statt und steigert sich in der Häufigkeit in der Brutzeit. Während des Brütens kommt dem Partnerfüttern eine große Bedeutung zu. Der Hahn versorgt dann das Weibchen, das nur wenige Male am Tag die Nisthöhle verlassen darf,

ausreichend mit Futter. Später beteiligen sich beide Eltern an der Fütterung der Jungtiere. In dieser Zeit wird das Partnerfüttern seltener, nimmt während des Selbständigwerdens der Jungen jedoch wieder zu. Bei *A. roseicollis* und den Rassen von *A. personata* füttern ausschließlich die Hähne ihre Weibchen. Bei *A. cana* und *A. taranta* wurde jedoch auch häufig gegenseitiges Partnerfüttern beobachtet.
Kopulation: Am Ende einer erfolgreichen Werbung des Hahnes, als letzter Schritt der praekopulativen Phase, steht der Begattungsakt. Der Hahn steigt auf den Rücken des Weibchens. Er befliegt sie nicht, wie dies von anderen Vögeln bekannt ist. Durch Ducken des Körpers und leichtes Spreizen der Flügel- und Schwanzfedern zeigen die Weibchen ihre Paarungsbereitschaft an. Oft folgen diese Verhaltensweisen auf Werbungen des Hahnes, meistens jedoch erst, nachdem der Hahn die Absicht gezeigt hat, das Weibchen zu besteigen. Selten erfolgt das Einnehmen der Kopulationsstellung ohne vorangegangene Aktivitäten des Hahnes.
Sobald der Hahn sein Weibchen bestiegen hat, krallt er seine Füße in den Flankenfedern des Tieres fest, senkt seinen Schwanz und bringt durch vorwärtsdrängende Bewegungen die beiden Kloaken aneinander. Die Kopulation besteht aus einer Reihe dieser Bewegungen, die rhythmisch wiederholt werden. Nach einer vollzogenen Begattung verbleibt das Weibchen auch nach dem Absteigen des Hahnes noch einige Sekunden in der Kopulationsstellung. Hat eine Befruchtung stattgefunden, erscheint die Kloake des Weibchens geschwollen, feucht und gerötet. Andernfalls ist deren Äußeres unverändert.
Die Männchen halten sich während des Tretaktes nur selten im Nackengefieder des Weibchens fest, benutzen den geschlossenen Schnabel aber oft als zusätzliches Hilfsmittel während des Besteigens. Häufig benutzen die Hähne auch die ausgebreiteten Flügel als Balance-Hilfe. Mit Ausnahme der Weibchen von *A. taranta,* die während der Kopulation leise, quiekende Laute ausstoßen, verhalten sich alle anderen Arten währenddessen ruhig.
In der Regel finden am Tage mehrere Begattungsversuche statt, bevor es zu einer Befruchtung kommt.
Postkopulative Verhaltensweisen konnten bei den Unzertrennlichen bisher nicht beobachtet werden.

Zucht

Geschlechtsbestimmung

Die Zucht von Unzertrennlichen wird mittlerweile etwa seit 40–50 Jahren praktiziert und hat besonders in den letzten 10 Jahren einen riesenhaften Aufschwung erfahren.

Von vornherein sei gesagt, daß eine Zucht von Agaporniden sich bei weitem nicht so einfach anläßt, wie dies bei den domestizierten Wellen- und Nymphensittichen der Fall ist. Dennoch lassen sich gewisse Arten dieser Kleinpapageien bei erfahrenen Züchtern gut vermehren. Logischerweise ist die Grundvoraussetzung für das Gelingen ein gut harmonierendes Paar. Hier sind wir gleich beim ersten und wahrscheinlich größten Problem. Sollte sich die Gelegenheit bieten, ein garantiertes Zuchtpaar erwerben zu können, so sollte zumindest der Anfänger schnell zugreifen. Aber welcher Züchter verkauft schon ein einwandfreies und in der Jungenaufzucht erprobtes Paar?

Eine weitaus schwierigere Methode ist die Zusammenstellung eines Paares aus Jungtieren. Deshalb seien im folgenden zunächst die teilweise recht allgemeinen Geschlechtsmerkmale (der gleichgefärbten Arten) genannt:

a) Im allgemeinen sind die Weibchen etwas größer als die Männchen und haben wegen des größeren Beckens eine breitere Sitzhaltung.

b) Der Kopf des Männchens ist in der Regel flach, während der des Weibchens eine kleine Wölbung aufweist.

c) Wahrscheinlich wichtigster Punkt der Geschlechtsbestimmung ist der Abstand der Beckenknochen. Allerdings kann dieses Merkmal nur bei erwachsenen Tieren angewandt werden. Beim Weibchen dürfte dieser Abstand etwa 4–7 mm betragen, während die Knochen des Hahnes eng beieinander stehen. Die Knochen des Weibchens sind auch stabiler gebaut und mehr abgerundet, während die Männchen recht spitze Beckenknochen besitzen.

Bei all diesen Merkmalen gibt es jedoch auch Ausnahmen. Um nun eine Geschlechtsbestimmung vorzunehmen, ist es zweckmäßig, den Vogel in die linke Hand zu nehmen, wobei der Kopf des Vogels zwischen Daumen und Zeigefinger liegt (um Bisse zu vermeiden). Nun wartet man einige Zeit, bis der Vogel entspannt in der Hand liegt und ertastet dann mit dem rechten Zeigefinger vorsichtig die Beckenknochen in der Afterregion des Vogels. Sind dabei die Beine des

Vogels verkrampft an den Körper gezogen, läßt sich die Beschaffenheit der Bekkenknochen nicht exakt untersuchen und eine genaue Geschlechtsbestimmung ist schwierig.
In jüngster Zeit hört man von einer Methode der Geschlechtsbestimmung mit Hilfe der Endoskopie, die jedoch nur von spezialisierten Tierärzten durchgeführt werden kann.

Partnerwahl

Unseres Erachtens ist die beste Art, ein Paar zusammenzustellen, den Vögeln die Partnerwahl selbst zu überlassen. Man erwirbt vier bis sechs Vögel der gleichen Art und gleichen Alters (keine Geschwister) und setzt diese zusammen in einen Gesellschaftskäfig. Bei seltenen Mutationen oder Arten ist diese Methode aus Kostengründen oder angesichts der Schwierigkeit, mehrere Tiere zu beschaffen, allerdings kaum durchführbar. Die Vögel sollten ausgefärbt sein, keine Lücken im Gefieder aufweisen und durch ein glänzendes Auge und quicklebendiges Benehmen bestechen. Hüten Sie sich jedoch davor, zu alte und zur Zucht untaugliche Vögel zu kaufen. Zweckmäßig ist es deshalb, nur geschlossen beringte Vögel zu erwerben, weil hier das Alter des Tieres nie im unklaren bleibt. Nach kurzer Zeit hat bei den Tieren eine Partnerwahl stattgefunden. Dies äußert sich durch ständiges, enges Beieinandersitzen, besonders in der Dämmerung und nachts, durch eingehendes, gegenseitiges Köpfchenkraulen und durch gelegentliches Füttern. Allerdings sei an dieser Stelle nicht verschwiegen, daß dieses Verhalten unter Umständen auch bei gleichgeschlechtlichen Tieren zu beobachten ist. In der Regel treten solche Fälle bei diesem Auswahlprinzip jedoch nicht auf, höchstens dann, wenn nur zwei Vögel gleicher Art gehalten werden.
Nach erfolgter Paarbildung können die überzähligen Tiere herausgefangen werden, und man beginnt mit den Zuchtvorbereitungen. Die Vögel sollten zu diesem Zweck wenigsten 10 Monate alt sein (eine Paarbildung kann auch schon bei wesentlich jüngeren Tieren erfolgen). Am besten ist es, während der Zuchtzeit jedes Paar einzeln zu halten, wobei ein Käfig mit den Maßen 80 × 50 × 50 cm völlig ausreichend ist (s. im Kap. Unterbringung: Die Haltung in Käfigen).

Nestbau, Brut und Jungvögel

Wie alle Papageien (bis auf wenige Ausnahmen) sind auch die Unzertrennlichen Höhlenbrüter. Als Ersatz für Baumhöhlen lassen sich (allerdings unter Schwierigkeiten) passende Bäume selbst aushöhlen. Einfacher und genauso zweckmäßig ist es, aus Brettern oder Spanplatten Nistkästen selbst anzufertigen. Als Maße gelten:

	Grundfläche	Höhe
für größere Arten:	17×17 cm	25 cm
für kleinere Arten:	15×17 cm	20 cm

Ansonsten sind die Nistkästen entsprechend Abb. Seite 57 herzustellen. Es ist angebracht, unterhalb des Schlupfloches eine Leiter aus Drahtgeflecht oder besser aus angenagelten Holzlatten anzubringen, um den Tieren das Herausklettern aus dem Kasten zu erleichtern. Der Durchmesser des Schlupfloches sollte zwischen 4,5 und 5 cm betragen.

Als Nistmaterial benötigen die Unzertrennlichen frische Obstbaum- oder am besten Weidenzweige. Wie die einzelnen Arten ihr Nest anlegen, ist jeweils bei den Artbeschreibungen erwähnt.

Die Eier der Unzertrennlichen sind rein weiß und werden in der Regel alle 2 Tage (meistens nachmittags) gelegt. Das Gelege umfaßt bis zu 6 Eiern, selten mehr. Obwohl Unzertrennliche wie auch Wellensittiche im allgemeinen in Gefangenschaft an keine bestimmte Brutzeit gebunden sind (in geheizten Räumen brüten sie auch im Winter), ist es erfolgversprechender, mit der Zucht in Freivolieren erst im Frühjahr zu beginnen. Die Paare werden einzeln in die Zuchtkäfige gesetzt, die Nistkästen werden angebracht und frische Weidenzweige dazu gegeben. Etwa gleichzeitig beginnt man, die Elterntiere durch geeignete Futterzusätze zu stimulieren (z. B. mit Ei- und Keimfutter und einem Vitaminpräparat).

Der Nestbau erstreckt sich meistens über ca. 10–20 Tage bis zur ersten Eiablage und wird auch während der Brutzeit weiter fortgeführt. In der Regel brüten die Weibchen ab dem zweiten Ei. Wir haben jedoch auch Weibchen in unseren Beständen, die erst nach dem dritten Ei fest brüten. Hiernach richtet sich auch der Schlupftermin der Jungtiere. In der Literatur werden als Brutzeit etwa 21 Tage angegeben. Der Züchter tut jedoch gut daran, mit 23–25 Tagen zu rechnen, denn es gibt mannigfaltige Möglichkeiten, die das Brutgeschäft verzögern können. Die Jungen schlüpfen im Abstand der Eiablage, so daß sich in einem Nest frisch geschlüpfte Junge und solche mit den ersten Federkielen befinden können. In einigen Fällen geschieht es, daß bei zu großem Altersunterschied das kleinste Junge beim Füttern von den älteren Nestgeschwistern abgedrängt wird und verhungert oder sogar totgedrückt wird. Nach ca. 3½ Wochen weisen die Jungtiere ein weitgehend komplettes Gefieder auf. Im Alter von 5 Wochen verlassen sie das Nest, um dann noch weitere 2–3 Wochen von den Eltern (speziell vom Hahn) gefüttert zu werden. Zu diesem Zeitpunkt beginnt das Weibchen schon wieder

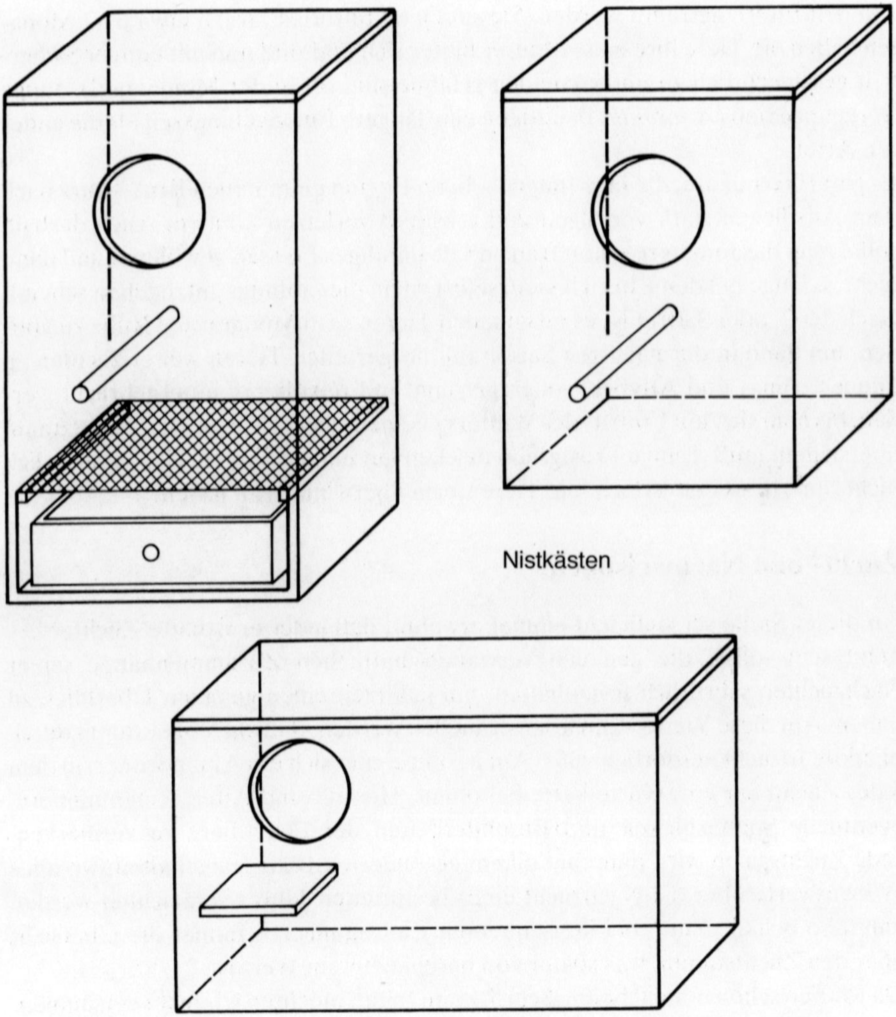

Nistkästen

mit der Ausbesserung des Nestes, und kurze Zeit später legt es dann das erste Ei der folgenden Brut. Um kräftige Junge zu erhalten und um die Elterntiere nicht zu überanstrengen, sollte man nur zwei oder drei Bruten jährlich zulassen und dann die Kästen wegnehmen.

Sobald die Jungen den Kasten verlassen haben, beginnt man, sie an die selbständige Futteraufnahme zu gewöhnen, indem man ihnen Futter auf den Boden streut. Früher oder später fangen sie dann an, auch aus den Näpfen zu fressen. Etwa 40 Tage nach dem Ausschlüpfen des letzten Jungtieres können die Vögel

von den Eltern getrennt werden. Sie sind jetzt futterfest. Nach etwa 6–7 Monaten haben die Tiere ihre erste Mauser hinter sich und sind nun mit einiger Sicherheit geschlechtlich zu unterscheiden (Hähne sind oft in der Minderzahl). Junge Bergpapageien *(A. taranta)* benötigen eine längere Entwicklungszeit als die anderen Arten.
Es gibt Elternpaare, die ihre Jungen – beim Beginn einer neuen Brut – kurz nach dem Ausfliegen stark verfolgen und ernsthaft verletzen können. Auch deshalb sollte man die Jungtiere schon früh an selbständiges Fressen gewöhnen und dann nicht zu lange bei den Eltern lassen, selbst wenn dies anfangs gutzugehen scheint. Nach der 2. oder 3. Brut ist es ratsam, den Tieren ca. 6 Monate lang Ruhe zu gönnen, um dann in der nächsten Saison mit ausgeruhten Tieren weiter züchten zu können. Jung- und Altvögel sollen getrennt in Freivolieren untergebracht werden, bis man sie zum Eintritt des Winters in einen schwach geheizten Schutzraum übersiedeln muß. Einige Frostgrade machen gut eingewöhnten Tieren sicherlich nichts aus, besser ist jedoch, die Tiere warm überwintern zu lassen.

Zucht- und Nachweisbuch

An dieser Stelle sei vielleicht einmal erwähnt, daß jeder ernsthafte Züchter bemüht sein sollte, die genauen verwandtschaftlichen Zusammenhänge seiner Nachzuchten schriftlich festzuhalten, um jederzeit einen genauen Überblick zu haben. Auf diese Weise kann u. a. vermieden werden, daß ein Vogelstamm durch planlose Inzucht verdorben wird. Am besten eignet sich ein Aktenordner, in dem jedes Zuchtpaar eine Karteikarte bekommt. Hierauf sind Alter, Ringnummern, eventuelle Spalterbigkeit und Besonderheiten der Elterntiere zu vermerken. Jede Zuchtsaison wird dann auf einem gesonderten Blatt festgehalten, wo alles Wissenswerte über die Nachzucht eines bestimmten Jahres verzeichnet werden kann. So behält man – bei konsequenten Eintragungen – immer die Übersicht über den Zuchtstamm, was später von unschätzbarem Wert ist.
Da wir nun schon einmal beim „Schriftkram" sind, möchten wir nicht versäumen, alle Leser darauf aufmerksam zu machen, daß jede Sittich- und Papageienzucht, und sei es nur die kleinste Wellensittichzucht, genehmigungspflichtig ist. Jeder Züchter ist verpflichtet, über Erwerb, Zucht und Abgabe von Papageienarten ein Nachweisbuch zu führen. Außerdem sind die Vögel mit amtlichen Ringen zu versehen. Diese sind beispielsweise erhältlich beim „Zentralverband der Zoologischen Fachgeschäfte Deutschlands e. V., Postfach 1324, 6057 Dietzenbach 1, oder über die „Austauschzentrale der Vogelliebhaber und -züchter e. V. (AZ), Günter Wittenbrock, Vor der Elm 1, 4860 Osterholz-Scharmbeck". Eine Ringauslieferung seitens dieser Vereine erfolgt nur gegen Vorlage einer amtlichen

Zuchtgenehmigung, die über Kreis oder Stadt erhältlich ist. Ein beauftragter Tierarzt überprüft daraufhin den Bestand und die Sachkundigkeit der einzelnen Züchter. Auf diese Weise versucht man das Risiko des Ausbruchs der Papageienkrankheit (Psittacose) möglichst gering zu halten.

Besonderheiten bei der Zucht

Bei der Zucht von Unzertrennlichen können die folgenden wesentlichen Schwierigkeiten auftreten.
Als erstes wäre hier das Problem der oft recht niedrigen Schlupfraten zu erörtern. Immer wieder stellen Züchter fest: ohne ausreichende Luftfeuchtigkeit innerhalb der Nistkästen sind die Schlupfraten recht unbefriedigend, die Embryonen sterben im Ei ab. Oft picken die Jungtiere die Eischale nur an, sind aber nicht in der Lage, sie zu sprengen. Gleichzeitig heißt es dann, man solle die Nester feucht halten oder die Eier schwemmen. Tatsache ist, daß eine gewisse Luftfeuchtigkeit das Schlüpfen der Jungen zu begünstigen scheint. Diese Luftfeuchtigkeit wird in der Natur, wo die Tiere ja in dürren, trockenen Steppengebieten leben, durch frische Baumrindenstücke erzeugt. Aufmerksame Beobachter werden festgestellt haben, daß die Weibchen immer wieder frische Rindenstückchen um die Eier verteilen, obwohl das Nest schon längst fertig ist und alle Eier bereits gelegt wurden und bebrütet werden. Es gibt nun gewisse Möglichkeiten, der Natur etwas nachzuhelfen, wobei man sich jedoch vor Übertreibungen hüten sollte. Sind die Nistkästen im überdachten Teil der Außenvoliere angebracht, gibt es beim Schlüpfen im großen und ganzen keine Schwierigkeiten. Ein völlig unproblematische Methode ist es, den Vögel ständig frische, im Trieb stehende Weidenzweige zu reichen. Durch ihr dauerndes Arbeiten am Nest und durch das Umbauen des Geleges mit Rindenstückchen sorgen die Weibchen für eine ständig feuchte Unterlage innerhalb des Kastens. Es ist bisher nicht bekannt geworden, daß dadurch eine Beeinträchtigung des Brutgeschäftes stattgefunden hat. Weiterhin sollte immer eine Badeschale für die Eltern vorhanden sein, denn dann können die Tiere durch ausgiebiges Baden eine zu niedrige Luftfeuchtigkeit im Kasten selbst regulieren, indem sie sich naß auf die Eier setzen. Natürlich muß eine Gewöhnung ans Baden schon lange vor dem Brutbeginn erfolgt sein; im allgemeinen baden die Tiere jedoch mit großer Leidenschaft. Eine dritte Möglichkeit ist, den Nistkasten und das Nistmaterial einmal täglich anzufeuchten. Allerdings ist hier Vorsicht geboten. Das Wasser darf nicht zu kalt sein, und die Weibchen müssen sich hinterher sofort wieder auf das Gelege setzen, da die Eier sonst zu schnell erkalten und schlimmstenfalls die Embryos absterben.

In sehr trockenen Innenräumen empfiehlt sich neben der Benutzung eines Luftbefeuchters die folgende Methode: Man fertigt Spezialnistkästen mit doppeltem Boden an (Abb. Seite 57). Etwa 3 cm über dem eigentlichen Boden bringt man eine durchlöcherte, nichtrostende, dünne Blechplatte an, die mittels zweier Leisten gehalten wird. Die Blechplatte muß Löcher von sehr feinem Durchmesser (ca. 1 mm) aufweisen. Außerdem eignet sich auch ein kleines Fliegendrahträhmchen für diesen Zweck. Sind die Löcher in der Blechplatte zu groß, kann es passieren, daß die Jungvögel mit ihren kleinen Füßen hineinrutschen und später nicht mehr herauskommen. Diese Gefahr besteht bei Fliegendrahträhmchen nicht. Hier kann es aber vorkommen,daß die sehr „knabberfreudigen" Eltern in kurzer Zeit ein Loch hineinbeißen.
Im Hohlraum zwischen den beiden Böden läßt sich nun eine Wasserschale unterbringen, die möglichst bis dicht unter den Draht reichen sollte. Auf den oberen Boden aus Fliegendraht streut man nun eine Lage feuchten Gartentorf und läßt dann die Vögel darauf ihr arteigenes Nest errichten. Wenn die Wasserschale nun ständig randvoll gehalten wird, verdunstet genügend Wasser durch den Boden ins Nest, so daß eine stete leichte Feuchtigkeit die Jungen recht problemlos schlüpfen läßt. Wir selbst wenden dieses Verfahren mit gutem Erfolg an.
Eine letzte und weitaus schwierigere Methode ist das Schwemmen der Eier. Sie erfordert viel Fingerspitzengefühl und wir selbst empfehlen sie nicht, nachdem wir auf diese Weise etliche Gelege verdorben haben. Man legt zu diesem Zweck die Eier während der zweiten Hälfte der Brutzeit mehrere Male in lauwarmes Wasser (ca. 2 min lang). Auch hier müssen die Weibchen sofort nach Aufhängen des Kastens wieder aufs Gelege!
Viele namhafte Züchter halten das künstliche Erzeugen von Luftfeuchtigkeit zur Begünstigung des Schlüpfens für vergebene „Liebesmühe". Wenn es mit dem Schlüpfen nicht recht klappen will, spricht man von mangelnder Fruchtbarkeit oder von minderwertigem Zuchtmaterial, und wenn dies nicht zutrifft, heißt es: unzureichende Ernährung, falsche Unterbringung, falsche Pflege. Die pauschale Meinung lautet, daß die Tiere in recht trockenen Gegenden vorkommen, also ist es unbegreiflich, daß sie zum Schlüpfen eine gewisse Feuchtigkeit brauchen. Endergebnis: Es muß am Ausgangsmaterial liegen.
Zweifelsohne gibt es minderwertige Zuchtpaare mit den genannten negativen Eigenschaften. In der Regel ist dies bei blutsfremden einjährigen Tieren jedoch nicht der Fall. In zu trockenen Kästen schlüpfen auch von einem einwandfreien Paar trotz Beigabe von Weidenzweigen die Jungtiere nicht.
Wenn wir von einer „gewissen Luftfeuchtigkeit" sprechen, so meinen wir keine triefende Nässe, sondern eine geringe, aber stetige Feuchtigkeit innerhalb des Kastens. Ein Zuviel an Luftfeuchtigkeit ist nicht nur unnütz, sondern kann auch,

wegen der möglichen Schimmelpilzbildung, eine Gefahr für die Jungtiere bedeuten.

Ein zweites schwerwiegendes Problem bei der Agapornidenzucht ist das „Rupfen" der Jungen. Hin und wieder kommt es vor, daß Elterntiere ihren Jungen die ersten sprießenden Federn ausrupfen. In vielen Fällen schafft dies beim Wachstum der Jungtiere keine wesentlichen Probleme, zuweilen aber rupfen die Eltern so stark (manchmal bis zur vollkommenen Nacktheit der Jungen), daß man hier eingreifen muß. Über die Ursachen kann nur recht allgemein gesprochen werden, zumal dieses Problem auch von Wissenschaftlern noch keineswegs befriedigend gelöst werden konnte.

Aller Wahrscheinlichkeit nach spielen beim Rupfen mehrere Faktoren, die gleichzeitig auf ein Paar einwirken müssen, eine Rolle. Gründe können sein: Langeweile bei den Elterntieren, große Lufttrockenheit in den Zuchträumen, möglicherweise neue Brutlust und sicherlich auch unzureichende Ernährung. Unseres Wissens sind Versuche gemacht worden, bei denen Unzertrennliche, die ihre Jungen rupften, an den Freiflug gewöhnt wurden und die man danach wieder Junge großziehen ließ. Es wurde abwechslungsreich gefüttert; mit Grünfutter, Obst und Mineralstoffen versorgten sich die Tiere selbst. Dennoch wurden auch hier bei der Jungenaufzucht erneut Anzeichen des Rupfens bemerkt.

Wie schon gesagt, wir können hier keine endgültigen Ratschläge geben, wie das Rupfen den Tieren abgewöhnt werden kann. Frische Luft, Sonne und Regen, abwechslungsreiche Ernährung, Geschlechtsreife, nicht durch Inzucht verdorbenes Zuchtmaterial und ständig vorhandene Beschäftigung (z. B. Zweige zum Beknabbern) dürften die wichtigsten Voraussetzungen gegen das Rupfen sein. In jedem Fall empfiehlt sich auch hier vorzubeugen, denn wenn die Tiere einmal diese Unart angenommen haben, legen sie sie schwerlich wieder ab.

Sollten in einem Bestand dennoch einmal Rupfer auftreten, gibt es mehrere Möglichkeiten, die Jungtiere vor einem Krüppeldasein oder gar vor dem Tod zu retten. Im allgemeinen empfiehlt es sich, in solchen Fällen schnell zu handeln, damit die Jungvögel von den Eltern nicht unnötig weiter „bearbeitet" werden. Bei minimalem Rupfen genügt es oft, den betroffenen Körperteil bei den Jungen hauchdünn mit Nivea-Creme zu bestreichen. Manchmal ist damit das Problem schon behoben.

In hartnäckigen Fällen gibt es eine recht brauchbare Methode zur Rettung der Jungen. Man ersetzt dann eine Seite des Nistkastens durch ein grobes Drahtgeflecht und verschließt das Eingangsloch. Gleichzeitig sollte man den Jungen einige wärmende Tücher in den Nistkasten geben und, wenn möglich, die Temperatur im Zuchtraum etwas erhöhen. Unzertrennliche haben einen recht starken Fütterungstrieb, und die Eltern werden, da sie nun nicht mehr zu den Jungen gelangen können, versuchen, diese durch das grobe Maschengeflecht hindurch zu füttern. Nach einigen Stunden haben Eltern und Junge verstanden, wie sie auf diese Weise am besten füttern müssen bzw. gefüttert werden, und meistens gibt es relativ wenig Verluste. Voraussetzung ist, daß die Jungen schon 3–4 Wochen alt sind.

Zwar ist der Entwicklungsverlauf in der Regel ein wenig beeinträchtigt, aber nach ca. 6 Wochen sind die Tiere wieder voll befiedert und können dann aus ihrem „Gefängnis" entlassen werden. Schon nach wenigen Tagen unternehmen die Jungtiere kurze Flüge durch den Käfig und werden dann von den Eltern nicht mehr behelligt. Auch hier füttert der Hahn weiter bis zum Selbständigwerden.

Die zweite Möglichkeit, gerupfte Jungtiere zu retten, ist die folgende: Man verordnet den Tieren „Tapetenwechsel", d. h. die Jungen werden in einen zweiten Nistkasten umgesiedelt, der auf den Boden des Käfigs gestellt wird. In den meisten Fällen füttern die Eltern dann dort weiter, ohne sich nun an den sprießenden Federn zu vergreifen.

Hin und wieder kommt es vor, daß die Weibchen ihr Gelege oder die Jungtiere verlassen. Auch in diesem Fall gibt es einige Möglichkeiten, die dazu beitragen können, Junge oder Eier zu retten. Am besten ist es natürlich, die Eier oder Jungen anderen Unzertrennlichen unterzulegen (auch anderen Arten), wenn sich dies zeitlich ungefähr einrichten läßt. Im allgemeinen ist dies eine recht problemlose Lösung. Werden die Eier während der Brutzeit verlassen, kann man die verlassenen Gelege sogar Wellensittichen oder Singsittichen unterlegen. Besonders die letzteren haben sich als hervorragende Ammen erwiesen. Allerdings müssen die eigenen Eier etwa zum selben Zeitpunkt gelegt worden sein. Außerdem empfiehlt es sich dann, alle Eier der Pflegeeltern zu entfernen.

Während die Aufzucht durch Singsittiche ziemlich glatt vonstatten geht, ist das Problem mit Wellensittichen als Ammen etwas schwieriger zu lösen. Da die frischgeschlüpften Unzertrennlichen etwas größer sind als die Nestlinge der Wellensittiche, bekommen sie vom Wellensittichweibchen instinktiv vom ersten Tag an gröberes Futter anstelle des anfangs sonst sehr feinen Futterschleims. Die Jungen sind dann nicht in der Lage, das Futter zu verdauen und sterben in kurzer Zeit. Man muß also einige Zeit vor dem Schlupftermin die Wellensittiche auf gut verdauliches Weichfutter umstellen. Sind die Jungen erst mehrere Tage alt, kann man wieder eine Hirsemischung zufüttern. Daher ist es am besten, wenn sich dies ermöglichen läßt, die Agapornidenjungen bei den eigenen Eltern schlüpfen zu lassen und erst am 4. oder 5. Tag den Wellensittichen unterzulegen.

Hat man keine Möglichkeit, bei der Jungenaufzucht Ammen zu verwenden, kann man es mit der recht schwierigen Handaufzucht versuchen. Werden die Jungen in den ersten Lebenstagen nicht gefüttert, sind sie in den meisten Fällen nicht zu retten. Aber wenn die Tiere schon ein gewisses Alter haben, kann man versuchen, sie mit einem dünnflüssigen Weichfutter durchzubringen. Während Hampe und auch Schwichtenberg noch umständlich herzustellende Futtermischungen empfehlen, gibt es heute zahlreiche Arten von Babynahrung, die nur mit Wasser oder Milch angerührt werden müssen. Diesen Brei kann man mit Vitamintropfen, Mineralstoffbeigaben und gekochtem Eigelb zweckmäßig anreichern. Je älter die Tiere werden, um so weniger flüssig darf der Brei sein. Gefüttert wird mit einem kleinen Löffel. Nach einiger Zeit haben die Jungen begriffen, worauf es ankommt. Vom Pfleger jedoch erfordert die Methode ein Höchstmaß an Fingerspitzengefühl und Geduld, zumal in der ersten Zeit etwa alle 2 Stunden gefüttert werden muß. Bei jeder Fütterung muß frischer Brei angerührt werden, und nach der Mahlzeit sind die Tiere sorgfältig von allen Nahrungsresten zu säubern. Einfach ist dies nicht, aber ein handaufgezogener Unzertrennlicher eignet sich wie kein zweiter für die Einzelhaltung im Haus, denn er wird sehr zahm und zutraulich, weil er von Anfang gewohnt ist, den Menschen als Bezugsperson zu betrachten. Zur Zucht sind diese Tiere dann allerdings weniger geeignet.

Das Umpaaren von Agaporniden sollte, wenn nicht unbedingt erforderlich, möglichst vermieden werden. Wenn man sich dazu entschließt, ist es besser, der ursprüngliche Partner befindet sich nicht mehr in Hör- oder Sichtweite, da sonst zwischen den neuen Partnern nur eine recht lose Bindung zustande kommt. Dies kann sich dann unvorteilhaft auf das Brutgeschäft auswirken.

Die Arten

Rosenköpfchen *(Agapornis roseicollis)*

Färbung: Männchen und Weibchen sind gleichgefärbt. Hauptgefiederfarbe grün, Kopf, Hals und Kehle rosarot, Stirnband leuchtend rot, Bürzel hellblau, Schnabel hornfarben (Bild Seite 17).

Jungtiere: In allen Farben blasser, Schnabel mit schwärzlichem Ansatz.

Größe und Gewicht: Ausgewachsene Tiere weisen eine Körperlänge von ca. 17 cm auf. Das Gewicht liegt bei Hähnen um 45 g, Weibchen sind in der Regel etwa 5 g schwerer.

Eier: Die Eier sind oval und reinweiß. Bei einer Durchschnittsgröße von 18 × 25 mm weisen sie ein Gewicht von ca. 3,5 g auf.

Unterarten: Neben der Nominatform *(A. r. roseicollis)* kommt noch die Unterart *A. r. catumbella* vor, die ein kleines Verbreitungsgebiet in Angola hat.

Als die Rosenköpfchen im Jahre 1860 durch Karl Hagenbeck erstmals eingeführt wurden, ahnte noch keiner etwas von dem sagenhaften Auftrieb, den die Papageienliebhaberei gerade durch diese Kleinpapageien erfahren hat. Schon 1869 schritten die Vögel im Berliner Aquarium erstmalig zur Brut, wobei vor allem die Art und Weise ihres Nestbaues Beachtung fand (s. u.). Heutzutage sind Rosenköpfchen bei einer großen Zahl von Liebhabern zu finden, und die Nachfrage kann aus innerdeutschen Zuchten ohne weiteres gedeckt werden. Da die Tiere recht leicht und zudem ergiebig züchten, sind die Preise speziell in den letzten Jahren sogar gesunken.
Die Bestimmung der Geschlechter bereitet bei *A. roseicollis* einige Schwierigkeiten. Die Weibchen haben eine etwas breitere Beinstellung und sind in der Regel größer. Auch können bei den Weibchen die Kopffarben blasser und gegenüber der grünen Körperfarbe unscharf abgegrenzt sein.
Auch hier ist der wichtigste Anhaltspunkt das Betasten der Beckenknochen (s. Zucht). In ihrer Heimat nisten sie in alten, morschen Baumhöhlungen oder übernehmen die verlassenen Nester der Siedlersperlinge oder der Mahaliweber. In der Gefangenschaft nehmen sie bereitwillig normale Holzkästen an. Die Weibchen tragen abgeschälte Rindenstücke im Bürzelgefieder als Nistmaterial in den Kasten und verarbeiten sie zu einem becherförmigen Nest. In Ausnahmefällen beteiligen sich auch die Hähne am Nestbau. Ein Eintragen von Nistmaterial wird jedoch nur selten beim Hahn beobachtet.
Das Gelege umfaßt in der Regel 3–5 Eier und wird in ca. 21–22 Tagen (bei Bebrütung ab dem 1. Ei) gezeitigt. Die Jungen wiegen beim Schlüpfen etwa 3 g und haben eine fleischfarbene Haut mit orange-rotem Flaum. Nach etwa 10 Tagen beginnen sich die Augen zu öffnen, und die ersten Federn sprießen. Anfangs ist die Färbung eher dunkelgrau, schlägt aber kurze Zeit später in ein stumpfes Grün um. Die Schnabelwurzel ist braun bis schwärzlich, die Spitze gelbbraun. Die Krallen sind grau. Mit ca. 4 Wochen sind die Tiere fast voll befiedert und schauen schon aus dem Einschlupfloch des Nistkastens. Nach ca. 5 Wochen ist das Groß-

Abb. 30 (oben links): Rosenköpfchen Lutino (s. Seite 134). abb. 31 (oben rechts): Rosenköpfchen Albino (s. Seite 137). Abb. 32 (unten links): Rosenköpfchen Grün-Zimt (s. Seite 139). Abb. 33 (unten rechts): Rosenköpfchen Grün-Zimt-Schecke (s. Seite 139).

gefieder vollständig ausgebildet, und die Jungen verlassen den Nistkasten. Sie unterscheiden sich jetzt deutlich durch die matten Gefiederfarben und die schwarzen Schnabelansätze von den Eltern. Übrigens lassen sich in vielen Fällen in diesem Stadium die Geschlechter am besten bestimmen, denn bei den Männchen sind oft die Stirnbänder stärker rot gefärbt als bei den Weibchen, oder sie zeigen einen schmalen, roten Streifen über den Augen. Zwei weitere Wochen, in denen die Jungtiere fast ausschließlich vom Hahn gefüttert werden, benötigen sie jetzt noch bis zum Selbständigwerden und können dann bedenkenlos von den Eltern getrennt werden. In den meisten Fällen ist die Trennung von den Eltern unerläßlich, da sonst die Jungen durch das aggressive Verhalten der Eltern zu Schaden kommen könnten, denn das Weibchen beginnt zu diesem Zeitpunkt bereits wieder mit einer Brut und bessert das Nest aus. Es ist jedoch zweckmäßig, kurz vorher den Nistkasten gründlich zu säubern und zu desinfizieren. Nach ca. 3 Monaten verliert sich bei den Jungvögeln die schwarze Färbung der Schnabelansätze und nach der ersten Mauser gleichen sie völlig den Eltern.

Rosenköpfchen gelten als die ärgsten Streithähne innerhalb ihrer Gattung. Sie beißen selbst größeren Vögeln wie Sing- und Nymphensittichen in die Beine; der Verlust einzelner Zehenglieder ist das Resultat. Bei den Verfassern wurde sogar ein Paar der überaus friedfertigen Schwarzohrpapageien *(Pionus menstruus)* angeriffen und aus dem eigenen Revier vertrieben. Ebenfalls wurde beim Hinzusetzen zweier Altvögel zu einem halbjährigen Jungpaar ein Altvogel getötet, während der andere erhebliche Beinverletzungen davontrug. Selbst Jungvögel zeigen also schon einen ausgeprägten Drang, ihr Revier zu verteidigen. Trotzdem ist eine Koloniebrut sehr gut möglich, wenn alle Tiere gleichzeitig in den Flugraum eingesetzt und auf jeden Fall mehr Nistkästen aufgehängt werden als Paare vorhanden sind. Wichtig ist ein ausreichend großer Flugraum. Vor allem aber müssen die Nistkästen weit voneinander entfernt angebracht werden.

Abb. 34 (oben): Schwarzköpfchen Gelb und Weiß (s. Seite 146). Abb. 35 (unten links): Rosenköpfchen „Rotgesäumt“ (s. Seite 143). Abb. 36 (unten rechts): Mischling aus Rosenköpfchen × Schwarzköpfchen.

Unzertrennliche mit weißen Augenringen *(Agapornis personata)*

Die *personata*-Gruppe zerfällt in 4 Unterarten, die sowohl farblich wie auch größenmäßig ziemlich stark variieren, so daß alle 4 Arten gesondert behandelt werden, zumal sie auch entsprechende Bedeutung bei den Liebhabern und Züchtern haben. Trotzdem schließen wir uns einigen Autoren an, die diese 4 Unterarten einer Art zuordnen, denn Verhalten, Art des Nestbaues, Jungenaufzucht und -entwicklung und nicht zuletzt auch das Entstehen von fruchtbaren Mischlingen läßt für unsere Begriffe nicht die Möglichkeit zu, diese Gruppe in 4 unabhängige Arten aufzugliedern. Die Unzertrennlichen mit weißen Augenringen bauen ein Nest aus Zweigstücken. Nur tragen sie diese, im Gegensatz zu *A. roseicollis*, mit dem Schnabel in den Nistkasten.

Schwarzköpfchen *(A. p. personata)*

Färbung: Männchen und Weibchen sind gleichgefärbt. Hauptgefiederfarbe grün, Kopf bräunlich-schwarz bis schwarz, Nacken, Kehle und Brustpartie leuchtend gelb, Bürzel wäßrig-blau, Schnabel rot, weißer unbefiederter Augenring (Bild Seite 83).
Jungtiere: In allen Farben blasser, Schnabel mit schwärzlichem Ansatz, Kopf bräunlich, Brustpartie trüb-gelb.
Größe und Gewicht: Die Größe der Tiere liegt bei ca. 16 cm. Ausgewachsene Hähne wiegen ca. 48 g, Weibchen etwa 55 g.
Eier: Die Eier sind reinweiß und haben ein Gewicht von ca. 3,8 g (Durchschnittsgröße 18 × 24 mm).

Die Schwarzköpfchen gehören neben den vorher beschriebenen Rosenköpfchen und den Pfirsichköpfchen zu den beliebtesten und häufigsten Arten in Liebhabervolieren. Die Zucht gelingt hier nicht immer so leicht wie bei den Rosenköpfchen, und es gibt oft Komplikationen. Daher sind die Preise immer noch ziemlich konstant. Vergleicht man einmal die Anzeigenteile in Fachzeitschriften von 1980 mit denjenigen von 1960, so wird man feststellen, daß die Schwarzköpfchen immer noch auf dem gleichen Preisniveau liegen. Die Gründe hierfür sind sicherlich in den genannten Zuchtproblemen zu suchen.
Die Geschlechter sind bei ausgefärbten Schwarzköpfchen etwas leichter zu unterscheiden als bei der vorgenannten Art. Neben den allgemeinen Geschlechtsmerkmalen erkennt der Züchter hier die Geschlechter auch an äußeren Merkmalen. So ist z. B. der weiße Augenring bei den Weibchen etwas breiter und

hat eine ovale Form. Der Augenring der Männchen ist in den meisten Fällen mehr rundlich. Auch spielt bei erwachsenen (ausgefärbten) Tieren die Kopffarbe eine Rolle: Hähne haben eine sehr dunkle, fast schwarze Kopffarbe, die der Weibchen ist eher schwarzbraun. Oft ist bei den Weibchen die Farbe des Kopfes nur unscharf von der gelben Brustpartie abgesetzt, während viele Hähne eine deutlich scharfe Farbtrennung aufweisen. Und nicht zuletzt hatten wir oft den Eindruck, daß bei den Schwarzköpfchen auch in bezug auf die Körpergröße ziemliche Unterschiede zwischen den Geschlechtern festzustellen sind.

Auch Schwarzköpfchen sollten erst dann zur Zucht angesetzt werden, wenn sie etwa zehn Monate alt sind. Obwohl es bei vielen Papageienarten von großer Wichtigkeit ist, daß ein Zuchtpaar gut miteinander harmoniert, kommt es bei den domestizierten Arten der Unzertrennlichen jedoch oft vor, daß zwei willkürlich „zusammengewürfelte" Vögel eine Partnerschaft eingehen. Der Nestbau verläuft in den Grundzügen genauso wie bei den Rosenköpfchen. Die Tiere schälen ziemlich lange und breite Rindenstücke von den Zweigen und bauen damit einen groben, sperrigen Brutkobel. Der ganze Nistkasten wird mit Material ausgefüllt, nur in der Mitte bleibt eine Höhlung von der Größe einer Faust mit ganz feinem Baumaterial (feine Ästchen, kleine Rindenstücke, Federn) als künftige Kinderstube ausgepolstert. Auch der Hahn beteiligt sich eifrig am Nestbau, und hin und wieder ist er später auch beim Brutgeschäft behilflich.

Einige Zeit vor der ersten Eiablage werden die Entleerungen des Weibchens wäßriger und nehmen mengenmäßig zu. Auch zeichnet sich dann das Ei am Hinterleib des Weibchens ab, so daß man in etwa den Zeitpunkt des Legens abschätzen kann. In die beschriebene Nesthöhle legt das Weibchen dann zwischen drei und sechs, in der Regel jedoch fünf Eier, die in ca. 22 Tagen gezeitigt werden.

Während der Brutzeit verläßt das Weibchen nur zum Fressen und zum Absetzen des Kotes den Nistkasten. Oft füttert auch der Hahn sein Weibchen im Nistkasten oder am Einschlupfloch. In den meisten Fällen hält das Männchen vor dem Einschlupfloch Wache oder versteckt sich im Nistkasten zwischen Deckel und Nest. Bei Gefahr stößt der Hahn seinen eigenartigen, schnell aufeinanderfolgenden Warnruf aus und verschwindet im Nistkasten.

Befinden sich beide Tiere außerhalb des Kastens und wollen sie in diesen zurückkehren, halten sie dabei immer eine bestimmte Reihenfolge ein. Selbst wenn sie sehr erschreckt sind, bezieht immer zuerst das Weibchen den Kasten, erst dann folgt der Hahn. Das Verlassen des Nestes erfolgt in umgekehrter Reihenfolge.

Die frisch geschlüpften Jungtiere gleichen denen der Rosenköpfchen aufs Haar. Bald zeigen sich die ersten gelben und schwarzen Federn. Die Jungen sind im Alter von 3½–4 Wochen voll befiedert und verlassen nach ca. 35 Tagen den Kasten. Mit 7 Wochen können die Jungen bedenkenlos in separate Käfige umgesetzt werden.

Da während der Jungenentwicklung der vorbereitete Nistkobel restlos niedergedrückt wird, beginnt das Weibchen anschließend sofort mit neuem Material das Nest wiederherzustellen. Besser ist es jedoch, aus Hygienegründen das alte Material zu entfernen und den Kasten gründlich zu reinigen. Erst dann sollte man eine zweite Brut zulassen. Manchmal kommt es vor, daß schon wieder Eier im Kasten liegen, noch ehe das letzte Junge ausgeflogen ist. Dann kann es passieren, daß das Weibchen dieses Junge hinaustreibt und schlimmstenfalls verletzt oder sogar tötet.
Zuweilen zeigen junge Schwarzköpfchen tiefgelbe bis orangerote Halsansätze, die sich nach der ersten Mauser jedoch meistens verlieren. Es wird behauptet, daß Schwarzköpfchen, spalterbig in gelb, diese Brutfarbe hätten. Bei uns entstanden derartige Jungvögel jedoch aus reinerbig grünen Elterntieren. Möglich ist es auch, daß diese Erscheinung durch frühere Einkreuzungen von *A. p. fischeri* hervorgerufen wird, aber auch bei Importvögeln aus Afrika haben wir Derartiges beobachten können.
Mischlingszuchten mit Pfirsichköpfchen, Erdbeerköpfchen und Rußköpfchen sind nicht schwierig. Auch Kreuzungen Schwarzköpfchen × Rosenköpfchen sind schon vorgekommen, wobei die Nachzucht nach unseren Erfahrungen jedoch nicht fruchtbar ist.

Pfirsichköpfchen *(A. p. fischeri)*

Färbung: Männchen und Weibchen sind gleichgefärbt. Hauptgefiederfarbe grün, Stirn, Wangen und Kehle orangerot, Hinterkopf braungelb, Nacken gelb, Brustpartie orangegelb, Bürzelgefieder wäßrig-blau, Schnabel rot, Augenring unbefiedert und weiß (Bild Seite 101).
Jungtiere: In allen Farben blasser.
Größe und Gewicht: Die Körperlänge erwachsener Tiere beträgt ca. 15 cm. Ihr Gewicht liegt bei 43 g. Auch hier wiegen die Weibchen etwa 5 g mehr.
Eier: Die Eier sind oval und sind bei einer Größe von ca. 22 × 17 mm 3,3 g schwer.

Obwohl Pfirsichköpfchen zu den leichter züchtbaren Arten gehören, hat die Nachfrage nachgelassen, und sie kommen, wenn auch nicht gerade selten, so doch leider weniger häufig bei den Liebhabern vor. Sicherlich liegt das z. T. daran, daß es bei dieser Art kaum Mutationen gibt, wie etwa bei den Schwarzköpfchen und Rosenköpfchen. Preislich liegen die Tiere etwa mit *A. p. personata* auf einer Stufe.
Auch Fischers Unzertrennliche, wie die Pfirsichköpfchen ebenfalls genannt werden, lassen sich geschlechtlich recht schwer unterscheiden. Der Größenunter-

schied zwischen Männchen und Weibchen ist allerdings deutlicher als bei den anderen Arten. Dazu wirkt der Kopf des Hahnes von vorne gesehen klein und schmal. Sicherste Merkmale sind auch hier das Verhalten und der Abstand der Beckenknochen.

Die Tiere müssen, wie die Schwarzköpfchen, etwa 10 Monate alt sein, ehe man sie zur Zucht verwenden kann. Ein gut harmonierendes Paar ist die beste Voraussetzung zum Erfolg.

Ideale Zuchtzeit ist das Frühjahr oder der Frühsommer. Man sollte die Vögel jedoch nicht zu zeitig in die Freivolieren lassen.

Der Hahn beginnt die Balz mit dem Füttern des Weibchens, wobei er immer wieder mit den typischen nickenden Kopfbewegungen Futter hervorwürgt. Es folgt in unregelmäßigen Abständen das eigenartige Kopfkratzen („hintenherum"), das man besonders beim Hahn beobachten kann. Auch an diesem Merkmal erkennt man oft das Geschlecht, denn Weibchen kratzen sich in der Regel nicht auf diese Art. Begleitet wird der ganze Vorgang von einem permanenten Schnabelklappern (nur beim Hahn). Nach einigen Minuten versucht das Männchen dann schwerfällig, das Weibchen zu besteigen (statt zu befliegen). Es sind oft mehrere Versuche nötig, bis der Hahn geduldet wird. Der Begattungsakt geht oft sehr schnell vonstatten. Manchmal dauert er nur Sekunden. Andere Autoren sprechen von mehreren Minuten; wir konnten das bisher jedoch nicht beobachten.

Der Nestbau läuft in gleicher Weise ab, wie beim Schwarzköpfchen beschrieben. Auch Brutgeschäft und Jungenentwicklung sind nahezu identisch.

Erstaunlich ist, welche Menge an Nistmaterial den Tieren für eine einzige Brut angeboten werden muß, bis sie ein entsprechendes Nest gefertigt haben. Man sollte also immer frische Zweige vorrätig haben. Am besten stellt man sie in einen Wassereimer, damit sie nicht vertrocknen; hier treiben sie sogar Wurzeln. Bei großem Bedarf ist es ratsam, sich früzeitig eigene Weiden zu pflanzen, um diese dann später „abzuernten".

Benötigt man nur wenig Zweige, so kann man sie sich von den wildwachsenden Weiden holen. Aber Vorsicht: Weiden stehen unter Naturschutz! Außerdem sind Sträucher, die dicht an den Straßenrändern wachsen, oft verunreinigt.

Pfirsichköpfchen sind in der Regel etwas verträglicher als die Schwarzköpfchen und somit auch wesentlich leichter in Gesellschaft ihrer eigenen Artgenossen zu halten und zu züchten.

Man sieht häufig Tiere mit verwaschenen Farben, die auf frühere Einkreuzungen anderer Arten zurückzuführen sind. Der Züchter sollte also Wert auf klare, saubere Farben legen, um einen reinen Stamm zu erlangen.

Kreuzungen mit Rußköpfchen, Schwarzköpfchen und Erdbeerköpfchen gelingen unschwer. Ansprechende Vögel sind Tiere aus der Verpaarung *A. p. perso-*

nata × *A. p. fischeri*. Allerdings empfehlen sich solche Kreuzungsversuche nicht, denn daraus entstehen auf die Dauer undefinierbare Mischlinge. Überdies ist es unverantwortlich, durch ständige Mischlingszuchten reinrassige *Agapornis*-Bestände zu gefährden oder sogar zu verderben.
Erstaunlicherweise neigen Pfirsichköpfchen stärker als andere *Agapornis*-Arten dazu, ihre Jungbrut zu rupfen.

Rußköpfchen *(A. p. nigrigenis)*

Färbung: Männchen und Weibchen sind gleichgefärbt. Grundfarbe des Gefieders grün, Kopf dunkelbraun, Nacken und Halsseiten gelbbraun, Kehle orangebraun, Schnabel rot, nackter, weißer Augenring (Bild Seite 101).
Jungtiere: In allen Farben matter.
Größe und Gewicht: Diese Tiere sind ca. 14–15 cm groß und wiegen zwischen 36 und 48 g. Auch bei den Rußköpfchen sind die Weibchen schwerer.
Eier: Die Eier sind 22 × 17 mm groß, ihr Gewicht liegt bei 3,3 g.

Vielfach werden die Rußköpfchen als gute Zuchtvögel unter den Unzertrennlichen bezkeichnet. Die größte Schwierigkeit liegt auch hier, die Geschlechter zu unterscheiden. Meistens lassen sich die Tiere nur durch ihr Verhalten bestimmen.
Früher wurden Rußköpfchen häufig eingeführt, doch heutzutage ist es recht schwierig, reinrassige Tiere zu erwerben. Sie gehören neben den Erdbeerköpfchen *(A. p. lilianae)* und den Orangeköpfchen *(A. pullaria)* zu den teuersten Unzertrennlichen.
A. p. nigrigenis sind untereinander und gegenüber anderen Papageien recht verträglich. Ihre Stimme ist auch nicht so durchdringend wie die der Schwarzköpfchen.
Balz, Brutverhalten, Jungenaufzucht und -entwicklung sind völlig identisch mit denen der Schwarzköpfchen und brauchen deshalb nicht gesondert behandelt zu werden.
Es ist eigentlich erstaunlich, daß diese Art größtenteils aus deutschen Liebhabervolieren verschwunden ist, zumal sie, wie schon gesagt, in vergangenen Zeiten häufig eingeführt wurden. Leider hat man sie damals sehr oft mit Schwarzköpfchen verpaart.
Reinrassige Rußköpfchen dürfen weder schwarze Köpfe noch gelbe Brustfarben zeigen, und auch die Bürzelfedern dürfen nicht blau sein. Deshalb gebührt der besondere Dank den wenigen Liebhabern, die mühsam versuchen, reinrassige *nigrigenis*-Stämme aufzubauen. Es wäre schade, wenn diese Art bei uns nicht

erhalten werden könnte, denn mit Importen ist wegen der z. Zt. bestehenden Ausfuhrsperren kaum noch zu rechnen.

Erdbeerköpfchen *(A. p. lilianae)*

Färbung: Männchen und Weibchen sind gleichgefärbt. Grundfarbe des Gefieders grün, Vorderkopf und Kehle orangerot, Genick olivgrün, Bürzelfedern grün, Schnabel rot, nackter, weißer Augenring (Bild Seite 101).
Jungtiere: In allen Farben matter, dunkle Wangen.
Größe und Gewicht: Ausgewachsene Erdbeerköpfchen sind etwa 14 cm lang. Ihr Gewicht beträgt um 40 g, die Weibchen sind um ein Geringes schwerer.
Eier: Die reinweißen Eier haben eine durchschnittliche Größe von 17–21 mm und ein Gewicht von ca. 3,2 g.

Mat hat die Erdbeerköpfchen oft mit den zuvor beschriebenen Pfirsichköpfchen verwechselt, jedoch gibt es einige sichere Merkmale, um diese beiden Arten zu unterscheiden: Zum ersten sind Erdbeerköpfchen etwas kleiner als *A. p. fischeri*. Weiterhin dürfen bei reinrassigen Tieren keine blauen Bürzelfedern vorkommen. Schon eine minimal verwachsene Blaufärbung weist auf eine frühere Einkreuzung von Fischers Unzertrennlichen hin. Ziemlich deutlich unterscheidet sich die Gesichtsmaske der Erdbeerköpfchen von der der Pfirsichköpfchen. Bei den ersteren setzt sich die orangerote Kopffarbe deutlich vom Olivgrün der Nackenpartie ab, bei *A. p. fischeri* gehen die Farben stärker ineinander über. Außerdem ist der Stirnbereich bei den Pfirsichköpfchen nicht so leuchtend rot.
Auch diese Art gehört zu den Seltenheiten im Handel, ist allerdings etwas leichter zu bekommen als die Ruß- und Orangeköpfchen. Preislich liegen sie mit *A. p. nigrigenis* auf einer Stufe.
Die Zucht der Erdbeerköpfchen ist etwas schwieriger als die der anderen Agaporniden der *personata*-Gruppe. Diese kleinen Papageienzwerge zeigen sich zwar schnell brutbereit, aber auch die Sterblichkeitsrate junger und erwachsener Tiere ist hoch. Möglichst sollte man keine eben selbständig gewordenen Jungtiere erwerben, sondern solche, die schon vollständig durchgemausert sind.
Die Geschlechter lassen sich sehr schwer unterscheiden, am ehesten ihrem Verhalten nach. Die äußeren Unterscheidungsmerkmale, wie auch die Geschlechtsbestimmung anhand der Beckenknochen, ergeben nicht immer eine fehlerfreie Diagnose.
In den letzten zwei Jahren werden Erdbeerköpfchen hin und wieder zu hohen Preisen angeboten. Auch sollen 1978 mehrere neue Importe eingetroffen sein, obwohl einige afrikanische Staaten ein Ausfuhrverbot erlassen haben. Ein Groß-

teil dieser Tiere gelangte in den Münsterländer Raum zu bekannten Züchtern. Nur wenige der Vögel konnten jedoch am Leben erhalten werden und zur Brut gebracht werden.
Häufig wird diese Art bei uns wohl nie, obwohl damit zu rechnen ist, daß in naher Zukunft wenigstens die Zahl der Nachzuchten steigt und Erdbeerköpfchen dann für manche Liebhaber erschwinglicher werden.

Bergpapageien *(Agapornis taranta)*

Färbung: Männchen: Hauptgefiederfarbe grün, Vorderkopf und Schnabel rot, Unterflügeldecken schwarz (Bild Seite 102).
Weibchen: Färbung wie Männchen, jedoch kein Rot am Kopf, und Unterflügelfedern braun (Bild Seite 102).
Jungtiere: In allen Farben blasser; Schnabel gelbbraun. Die ersten roten Federn zeigen sich bei den Männchen erst mit 3–4 Monaten.
Größe und Gewicht: Die Durchschnittsgröße erwachsener Hähne liegt bei 16 cm (65 g Körpergewicht). Die Weibchen sind im allgemeinen wesentlich kleiner und wiegen ca. 8–10 g weniger.
Eier: Die ovalen, reinweißen Eier haben eine Größe von 25 × 19 mm und wiegen ca. 4,5 g.
Unterarten: Außer der Nominatform ist noch die Rasse *A. t. nana* bekannt, die 1934 von Neumann benannt wurde. Diese Unterart ist bedeutend kleiner. Taranta-Unzertrennliche gehören zu den schwer züchtbaren *Agapornis*-Arten. Durch ihre recht eintönige Färbung bleiben sie auf der Beliebtheitsskala hinter anderen Arten zurück.

Bergpapageien fand man nie häufig auf dem Vogelmarkt; sie wurden immer nur in geringen Stückzahlen eingeführt. Auch in letzter Zeit hat es, bedingt durch die Kriegswirren in ihrer Heimat, keine neuen Importe in die Bundesrepublik gegeben, so daß man diese Tiere selten bei den Liebhabern antrifft.
Dennoch sind sie, wenn sie einmal im Angebot auftauchen, preislich immer erschwinglich. Ihr Preis liegt etwa doppelt so hoch wie der der Schwarzköpfchen. Die Zucht gelingt bei *A. t. taranta* nicht so leicht wie bei den bisher beschriebenen Arten. Dafür sind die Geschlechter besser zu unterscheiden. Nichtausgefärbten Jungtieren kann man im Stirnbereich einige kleine Federchen ausrupfen. Wachsen sie rot nach, handelt es sich um Hähne.
In ihrer Heimat kommen Bergpapageien bis in Höhen von 3000 m vor. Deshalb macht ihnen auch stärkerer Frost wenig aus, und sie können in ungeheizten

(jedoch trockenen und zugfreien) Schutzräumen überwintert werden. Im Gegensatz zu den bisher behandelten Arten bauen sie kein überdachtes Nest, sondern stellen allenfalls eine Nistunterlage aus Blattstückchen (Efeu oder andere immergrüne Pflanzen) her. Oft brüten sie auch auf blankem Holzboden. Daher sollte im Nistkasten eine ausgefräste Bodenmulde vorhanden sein, damit das Gelege nicht auseinanderrollt.
Die Brut beginnt im zeitigen Frühjahr (Februar). Das Gelege umfaßt zwischen 2 und 5 Eier und wird in der Regel 24–25 Tage lang bebrütet. Mit ca. 30 Tagen sind die Jungen voll befiedert. Nach 6 Wochen verlassen sie das Nest, um dann noch längere Zeit von den Eltern versorgt zu werden. Die Jungtiere gleichen in etwa den Weibchen, nur sind die Schnäbel noch gelbbraun gefärbt. Nach ca. 3 Monaten beginnen sie zu mausern und sind mit etwa 10 Monaten ausgefärbt.
Während der Brutzeit sind Bergpapageien ziemlich unverträglich und sollten am besten paarweise gehalten werden. Obwohl auch schon Bruten in normalen Kistenkäfigen gelungen sind, ist es besser, sie in kleinen Außenvolieren unterzubringen.
Gegen Nistkastenkontrollen sind die Tiere im allgemeinen unempfindlich.
Die Stimme des Bergpapageien ist ein leises Zirpen und wird längst nicht als so unangenehm empfunden, wie oft bei anderen *Agapornis*-Arten.

Grauköpfchen *(Agapornis cana)*

Färbung: Männchen: grün, Kopf bis Brustansatz hellgrau (Bild Seite 120).
Weibchen: durchweg grün, Kopf etwas dunkler.
Jungtiere: In allen Farben matter.
Importierte Jungmännchen: einheitlich grün, bei nachgezüchteten Männchen sind Kopf und Brustpartie mittelgrau und gehen nach der Mauser in einen helleren Farbton über.
Größe und Gewicht: Mit einer Größe von 13 cm gehören die Grauköpfchen zu den kleinsten Unzertrennlichen. Sie wiegen durchschnittlich 25 g. Männchen und Weibchen sind etwa gleich groß und haben dasselbe Gewicht.
Eier: Die Eier sind rundlich und weisen bei einer Größe von 17×19 mm ein Gewicht von etwa 3 g auf.
Unterarten: Neben der Nominalform ist noch die von Bangs benannte Unterart *A. c. ablectanea* bekannt.

Die Haltung in einer großzügigen Freivoliere ist bei *A. cana* nicht zu empfehlen, da sie dort sehr scheu bleiben würden. Eine kleine Zimmervoliere oder ein gro-

ßer, von drei Seiten geschlossener Kistenkäfig wäre eine ideale Unterbringungsmöglichkeit. Die Grauköpfchen und die Orangeköpfchen gehören zu den primitivsten Arten innerhalb ihrer Gattung (Dilger 1960). Ihnen fehlt die Fähigkeit, sich dem Menschen näher anzuschließen. Sie bleiben daher in der Gefangenschaft auch fast immer recht scheu und unzugänglich. Zahm werden letzten Endes nur Jungvögel.
Auch diese Art läßt sich im Gegensatz zu anderen Agaporniden-Arten nicht so leicht nachzüchten. Sicherlich liegt das auch zum Teil an der Scheu dieser Tiere. Seitdem auf Madagaskar ein Ausfuhrverbot besteht, kommen Grauköpfchen nur auf Umwegen und in kleinen Stückzahlen bei uns in den Handel. Die Nachfrage kann aus innerdeutschen Zuchten längst nicht gedeckt werden, allerdings waren auch die Grauköpfchen noch nie besonders begehrt. Dies hängt wohl mit ihrer schwierigen Vermehrung und dem unscheinbaren Äußeren dieser Art zusammen. Preislich liegen sie etwa mit den *taranta*-Unzertrennlichen auf einer Stufe.
Der Brutverlauf deckt sich im wesentlichen mit dem der Rosenköpfchen, nur muß man von vornherein mit vielen Schwierigkeiten rechnen, denn die Tiere sind empfindlich gegen Störungen aller Art (speziell auch gegen Nistkastenkontrollen). Bei Annäherung an den Käfig verschwinden sie mit großem Gezeter im Nistkasten.
Diese Art nimmt gerne einen gewöhnlichen Wellensittichkasten für die Brut. Da die Grauköpfchen im allgemeinen wenig oder gar kein Nistmaterial verwenden, muß der Nistkastenboden eine ausgefräste Bodenmulde besitzen. Es ist aber auch schon vorgekommen, daß die Vögel umfangreiche Nestbauten errichteten. Die verschiedenen Nistmaterialien (vor allem Blattstückchen von Rhododendren) werden im Rückengefieder ins Nest getragen. Das Gelege umfaßt meistens 4 Eier, die 21–22 Tage bebrütet werden. Nach dem Ausfliegen werden die Jungvögel in erster Linie vom Hahn versorgt, während das Weibchen das Nest für eine weitere Brut erneuert. De Grahl (1969) empfiehlt als Aufzuchtfutter gekeimte Kolbenhirse.
In Gefangenschaft wird die Jugendmauser bei Jungtieren übergangen, wie das von einigen anderen Vogelarten bekannt ist. So haben gezüchtete Hähne von Anfang an einen silbergrauen Kopf, während in freier Natur bis zur ersten Mauser beide Geschlechter den alten Weibchen gleichen. Alles in allem sollten Grauköpfchen nur von erfahrenen Papageienliebhabern erworben werden, denn sie sind doch bei weitem schwieriger zu halten und zu züchten als andere Arten. Anfänger sollten sich lieber auf häufig gezüchtete Agaporniden beschränken. Importe müssen bei +10 °C überwintert werden. Nachzuchten vertragen in trockenen, zugfreien Räumen auch Temperaturen um den Gefrierpunkt.

Grünköpfchen *(Agapornis swinderniana)*

Färbung: Männchen und Weibchen sind gleichgefärbt. Hauptgefiederfarbe grün, Brust olivgelb, Nackenring schwarz, Oberschwanzdecken blau, Schwanzwurzeln rot, Schnabel schwarz, Iris orangengelb (Bild Seite 119).
Jungtiere: In allen Farben blasser, kein schwarzes Nackenband, Schnabel heller.
Größe und Gewicht: Die Länge der Tiere beträgt etwa 13 cm. Das Gewicht liegt bei 35 g.
Eier: Über Form, Gewicht und Größe der Eier ist nichts Näheres bekannt.
Unterarten: Außer der Nominatform gibt es noch zwei Unterarten:
A. s. zenkeri zeigt ein braunrotes Band unter dem schwarzen Halsband; Vorkommen in Zentalafrika und in der Republik Kongo (Bild Seite 119).
A. s. emini ähnelt *A. s. zenkeri* sehr, hat aber eine weniger intensive Färbung des Halsbandes (Forshaw).

Bisher hat diese *Agapornis*-Art keine Bedeutung für uns Liebhaber, weil sie erst in letzter Zeit lebend nach Europa gelangt ist. Die eingeführten Vögel überstanden die Quarantänezeit jedoch nicht.
Nach den Aussagen verschiedener Ornithologen gibt es zwei Gründe, die dazu beitragen, daß diese Tiere bisher nur sehr selten nach Europa importiert wurden. Nach Forshaw gibt Prof. Stresemann an, daß sich Grünköpfchen als ausgesprochene Waldvögel nie auf den Erdboden begeben und somit nicht zu fangen sind. Im Gegensatz zu anderen Agaporniden-Arten sollen sie sich ständig in den Kronen hoher Urwaldbäume aufhalten. Der zweite und wahrscheinlich wichtigere Grund ist die schwierige Ernährung der Vögel, denn aufgrund der Aussagen verschiedener Forscher ernähren sich diese Vögel nur von einer speziellen Feigensorte. Demgegenüber berichtet Forshaw an anderer Stelle, daß sie sich auf den Boden begeben, um auf Farmgeländen Getreidesamen zu sich zu nehmen. Als weitere Nahrung nennt er Insekten und Mais (Milchreife). Beide Futtersorten wurden in den Kröpfen sezierter Grünköpfchen gefunden. Trotzdem gelang es Pater Hutsebout im Kongo (Forshaw) nicht, Grünköpfchen mit Ersatzfutter am Leben zu erhalten. Ohne spezielle Feigenfrüchte gingen sie nach drei bis vier Tagen ein.
Die Brutzeit dürfte im Juli sein (Forshaw). Gebrütet wird, wie wir dies von Orangeköpfchen kennen, in Termitenhügeln.

Orangeköpfchen *(Agapornis pullaria)*

Färbung: Männchen: Grundgefiederfarbe grün, Stirn, Kopfseiten und Kehlansatz orangerot, Bürzel blau, Unterflügelfedern schwarz, Schnabel rot (Bild Seite 120).
Weibchen: blasseres Rot am Kopf, Unterflügelfedern grün.
Jungtiere: In allen Farben matter.
Größe und Gewicht: Größe um 14 cm, Gewicht etwa 40 g.
Eier: Die Eigröße beträgt ca. 17×21 mm bei einem Gewicht von 4 g.
Unterarten: Von Neumann ist *Agapornis pullaria ugandae* als Unterart benannt worden.

Nach dem letzten Weltkrieg sind große Importe dieser Art in Deutschland eingetroffen, und die Tiere konnten günstig erworben werden.
Heute sind Orangeköpfchen nur ausnahmsweise zu bekommen, und man muß mit einem sehr hohen Preis rechnen.
In ihrer Heimat nisten diese Unzertrennlichen in Termitenhügeln und den Nestern baumbewohnender Ameisen (Dilger 1968). Die Weibchen graben ihre Nisthöhlen dort hinein und legen in der Regel zwischen 5 und 7 Eiern, die etwa 22 Tage lang bebrütet werden.
Da die Orangeköpfchen neben den Grauköpfchen und den Bergpapageien zu den primitiveren Arten der Agaporniden gehören (Dilger, 1968), fällt es ihnen aufgrund mangelnder Anpassungsfähigkeit schwer, sich in Gefangenschaft auf gewöhnliche Nistgelegenheiten umzustellen. Deshalb ist ihre Zucht auch selten voll gelungen. Es sind zwar schon Bruten in normalen Holznistkästen vorgekommen, in der Regel muß der Züchter sich jedoch andere Möglichkeiten einfallen lassen, um diese Tiere zur Brut zu bewegen. Man hat versucht, feuchten Torf fest in kleine Holzfässer zu stampfen, um den Weibchen dann die Möglichkeit zu geben, Gänge und Höhlungen darin anzulegen. Aber es geschah häufig, daß Gänge oder Höhlungen einstürzten und die Weibchen mit ihrem Gelege oder den Jungtieren unter den Torfmassen begraben wurden.
Hampe hatte innerhalb einer Voliere einen größeren Lehmhaufen aufgeschüttet, in dem die Weibchen wiederum Gänge und faustgroße Höhlungen am Ende anlegten. Nach vielen Tagen, als er nicht mehr mit einem Bruterfolg rechnete, erschien ein vollbefiederter Jungvogel am Höhleneingang, der allerdings vor der großen Mauser infolge eines Temperarursturzes einging.
In einem weiteren Versuch wurden größere Korkstücke in den Bäumen befestigt, und nachdem an diesen eine Anflugstange angebracht worden war, begannen die Tiere mit dem Bau von Höhlungen. Aber auch mit dieser Methode wurde kein überzeugendes Ergebnis erzielt.

Ein voller Erfolg wurde Zürcher, Ostermunding, beschert. Nach mehreren entmutigenden Versuchen (unbefruchtete Eier, abgestorbene Embryonen, nicht gefütterte Jungtiere) gelang es ihm ab Herbst 1976 mehrere junge Orangeköpfchen aufzuziehen. Er hatte ebenfalls feuchten Torf in größere Holznistkästen eingestampft und die Weibchen darin eine Nisthöhle bauen lassen.
Wer wirklich das große Glück hat, Tiere dieser Art zu besitzen, sollte keinesfalls Risiken irgendwelcher Art eingehen. Importe wie auch Jungtiere müssen bei +15 °C in trockenen und zugfreien Räumen überwintert werden.
Bei Nachzuchten gelingt es leichter, die Tiere auf normale Holznistkästen umzustellen. Auch sind durchgemauserte Nachzuchten wesentlich unempfindlicher gegen die schlechte Witterung in unseren Breiten. Jedenfalls ist es an der Zeit, daß die Liebhaber dieser Art Möglichkeiten finden, um die Tiere problemloser zur Brut zu bringen. Ansonsten wären die Orangeköpfchen in wenigen Jahren aus Europa verschwunden, da mit Importen aus ihrer Heimat nicht mehr zu rechnen ist.

Farbmutationen und ihre Vererbung

Rosenköpfchen *(A. roseicollis)*

(zugleich eine Einführung in die Farbvererbung)

Wildfarbene Rosenköpfchen

Die Rosenköpfchen sind sicher die am häufigsten in Gefangenschaft anzutreffenden Agaporniden. Dies hängt mit ihrer relativ einfachen Züchtbarkeit zusammen, so daß der Liebhaber diese Vögel nicht nur „zum Anschauen" hält, sondern auch das Erlebnis der gelungenen Zucht haben kann. Jeder, der eine Agapornidenzucht aufbauen möchte, sollte mit den Rosenköpfchen beginnen, um Erfahrungen mit dieser Vogelgattung zu sammeln, ohne große Enttäuschungen erfahren zu müssen.
Da uns die Rosenköpfchen bei richtiger Haltung in der Regel mit zahlreichen Nachkommen beglücken, lassen sich auch die ab und zu auftretenden Mutationen erkennen und erhalten.
Bevor wir die einzelnen bekannten Farbmutationen oder -kombinationen näher beschreiben, zunächst einiges Grundlegendes über die Färbung des wilden

Rosenköpfchens. Die Grundfarbe ist grün, wie natürlich jeder Züchter weiß. So einfach diese Feststellung ist, in Wirklichkeit ist es doch etwas komplizierter. Duncker hat 1929 in seiner „Kurzgefaßten Vererbungslehre für Kleinvogelzüchter“ seine Resultate über die Erforschung der farbbestimmenden Erbeigenschaften beim Wellensittich dargelegt. Diese Ergebnisse werden auch heute noch von den Wellensittichzüchtern als gültig anerkannt und bei jeder gewissenhaften Farbzucht berücksichtigt. In den letzten Jahren hat es sich nun herausgestellt, daß die inzwischen beim Rosenköpfchen aufgetretenen Farbmutationen genauso oder ähnlich vererbt werden wie die Farben beim Wellensittich. Daher kann man sicher davon ausgehen, daß sich die Grundfarbe im Gefieder des Rosenköpfchens ebenso zusammensetzt wie in den Federn des Wellensittichs (dies gilt auch für die übrigen Arten der Unzertrennlichen). Duncker u. a. haben diese Federn genau untersucht, auch im mikroskopischen Bereich. Das für viele Züchter verblüffende Ergebnis lautete: Es gibt keine grünen Farbstoffe beim Wellensittich. Damit steht fest, daß auch im Gefieder des Rosenköpfchens die grünen Farbstoffe fehlen. Obwohl die Rosenköpfchen eindeutig grün sind, ist dieses Grün jedoch nicht als eigener Farbstoff vorhanden, sondern entsteht als eine Mischung aus Gelb und Blau. Verständlich wird dies, wenn man den Aufbau einer Feder unter dem Mikroskop betrachtet.

Im Makro-Bereich erkennen wir, daß eine nicht besonders spezialisierte Konturfeder aus Federfahne (Vexillum) und der härteren Längsachse, dem Federkiel (Scapus), aufgebaut ist. Beim Federkiel unterscheidet man die Federspule, die frei von der Fahne ist und z. T. in der Haut steckt. Den Teil des Federkieles, der die Fahne trägt, nennt man Federschaft (Rhachis). Die Fahne besteht aus Federästen (Rami), die im spitzen Winkel vom Federschaft abstehen. Diese Federäste tragen wiederum zweiseitig Federstrahlen (Radii), die verschieden gebaut sind. Die zur Spitze der Feder zeigenden Strahlen sind mit Haken (Hamuli oder Radioli) versehen (Hakenstrahlen) und können sich in den zur Spule zeigenden Bogenstrahlen des nächsten Federastes verankern, da die Bogenstrahlen eine Krempe bzw. Rinne aufweisen.

Fertigt man von einem Federast einer grünen Wellensittichfeder – oder auch einer Rosenköpfchenfeder – einen Querschnitt an und legt dieses Präparat unter das Mikroskop, so kann man deutlich verschiedene Schichten wahrnehmen.

Außen erkennt man eine mehr oder minder strukturlose, gelbgefärbte Schicht, die Rindenschicht genannt wird. Die Gelbfärbung dieser Hornschicht wird durch eingelagerte fettlösliche Farbstoffe, die Carotinoide, hervorgerufen. Diese Farbstoffe können nicht vom Vogel selbst aufgebaut werden, sondern werden mit der Nahrung zugeführt und durch das Blut in die sich bildenden Federn gebracht. Der Farbstoff wird beim Verhornungsprozeß in die Hornsubstanz der Feder ein-

gesaugt. So ist die Einlagerung von Carotinoiden also nur während des Wachstums der Feder möglich, später kann kein Farbstoff mehr aufgenommen werden. Dies ist ein Vorgang, der z. B. allen Kanarienvogelzüchtern wohl bekannt ist.
Im mikroskopischen Bild erkennt man weiterhin, daß sich unter der Rindenschicht eine Zellschicht befindet. Die einzelnen Zellen sind mit radialen, sehr feinen Luftadern durchzogen, in der Mitte befindet sich ein großer Luftraum. Die Wände der Zellen sind verdickt. Diese farblosen Zellen werden als Kästchenzellen bezeichnet.
Im Innern des Federastes befindet sich die zentrale Markschicht, deren einzelne, unter dem Mikroskop kaum noch zu unterscheidenden Zellen mit großen Mengen von dunklen Farbkörnern (Melaninen) gefüllt sind. Diese Malanine entstehen aus körpereigenen Eiweißprodukten und werden bei der Bildung der Federn in Federästen, -strahlen und im Schaft abgelagert.
Der Leser wird sich jetzt fragen, wo denn nun die oben genannte blaue Farbe verborgen ist. Dieses Blau ist unter dem Mikroskop nicht zu finden; es gibt keinen weiteren Farbstoff in der Feder, außer den Carotinoiden in der Rindenschicht. Es handelt sich hier also nicht um eine wirkliche Farbe, sondern um eine Strukturfarbe, die durch optiche Vorgänge hervorgerufen wird.
Solch eine Strukturfarbe zeigt z. B. auch unser Himmel, der ja bekanntlich keine blauen Farbstoffe besitzt. Feinste Staubteilchen in der Luft streuen den blauen Anteil des Sonnenlichtes stärker als die übrigen Farben des Spektrums. Dies wird für uns jedoch erst vor einem schwarzen Hintergrund sichtbar, in diesem Fall ist es der dunkle Weltraum. Es gibt viele weitere Beispiele für derartige optische Vorgänge, so scheint ein Milchtröpfchen auf einer schwarzen Platte für unser Auge blau zu sein, da die kleinen Partikelchen in der Milch nur das blaue Licht zurückstrahlen. Eine ähnliche Erscheinung sehen wir, wenn wir Zigarettenrauch vor einem dunklen Hintergrund betrachten.
In der Feder des Rosenköpfchens wird dieser dunkle Hintergrund durch die in der Markschicht befindlichen Melanine gebildet, die „trübe Substanz" vor diesem Hintergrund bilden die Kästchenzellen mit ihren feinen, lufthaltigen Haarröhren.

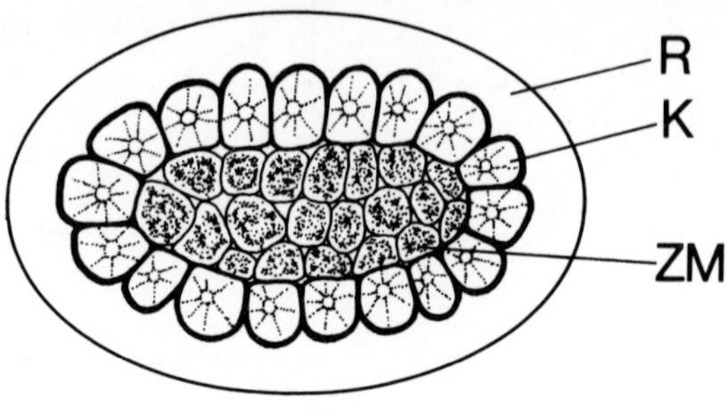

Schematisierter Querschnitt durch einen Federast
R = Rindenschicht (gelb),
K = Kästchenzellen,
ZM = Zentrale Markschicht

Zusammengefaßt muß man also sagen: In der Feder des Rosenköpfchens finden wir einen gelben Farbstoff und die Strukturfarbe Blau. Beide zusammen lassen die Feder grün erscheinen! Die Farbe Grün ist also nicht *ein* Merkmal, sondern setzt sich aus den Merkmalen Gelb und Blau zusammen. Dies muß bei der Analyse der Vererbung von Farben genauestens berücksichtigt werden.
Zuvor einige theoretische Grundlagen zum besseren Verständnis der genetischen Vorgänge. Jede Tierart hat in jeder ihrer lebenden Körperzellen eine für sie typische Anzahl von Kernschleifen oder Chromosomen, in denen Correns bereits im Jahre 1900 die Erbträger erkannte. 1903 begründeten dann der Deutsche Boveri und der Amerikaner Sutton die Chromosomentheorie, die aussagt, daß die Chromosomen die Träger der Erbanlagen sind. In jeder Körperzelle der Vögel kommen die Chromosomen paarweise vor (Autosomenpaare) und bilden in ihrer Gesamtheit einen doppelten Satz (diploider Chromosomensatz). Eine Ausnahme bilden die für die Ausbildung des Geschlechts zuständigen Chromosomen, die Geschlechtschromosomen (Gonosomen oder Heterosomen), auf die später eingegangen werden soll.

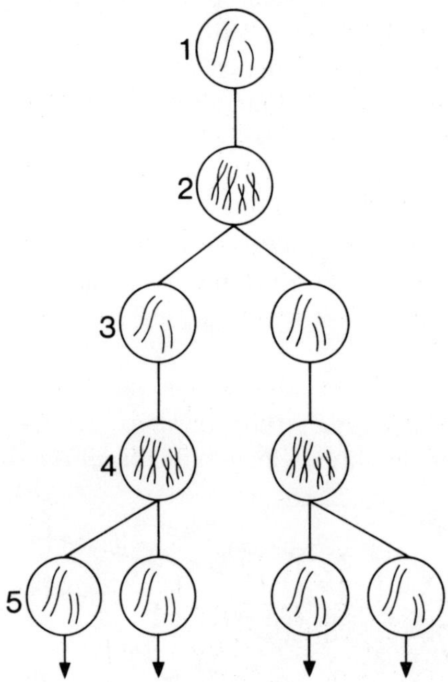

Stark vereinfachte Darstellung der Vorgänge bei der Teilung von Körperzellen (nur 2 Chromosomenpaare angenommen)
1. Körperzelle mit diploidem Chromosomensatz
2. Die Chromosomen teilen sich in Längsrichtung
3. Zwei neue Körperzellen mit dem gleichen Chromosomensatz sind entstanden (diploid)
4. Die Chromatiden verdoppeln sich identisch
5. Vier Körperzellen mit gleichem Chromosomensatz sind entstanden (diploid)

usw.

Abb. 37: Schwarzköpfchen wildfarben (s. Seite 68).

Geschlechtsmutterzelle (mit drei Chromosomenpaaren).
Die einzelnen Paare sind mit A-a, B-b und C-c bezeichnet.

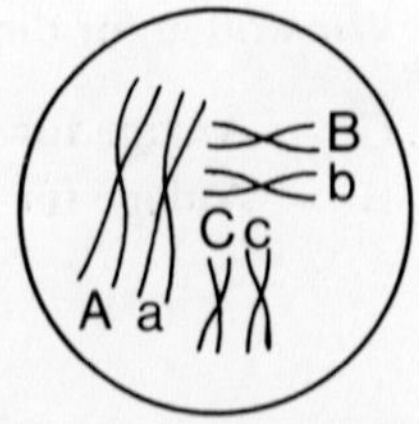

Bei diesem Beispiel, einem Tier mit drei Chromosomenpaaren, hätten alle Geschlechtsmutterzellen den gleichen Chromosomensatz. So würden sich bei der Geschlechtszellenbildung folgende Kombinationsmöglichkeiten ergeben:

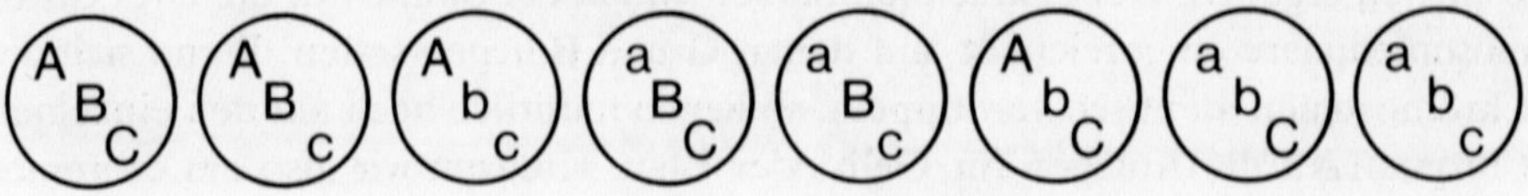

Je mehr Chromosomen eine bestimmte Tierart besitzt, um so mehr Kombinationsmöglichkeiten gibt es also. So hat z. B. der Mensch einen diploiden Chromosomensatz von 46, die Taube 16, der Regenwurm 32, die Hauskatze 38, der Gorilla 48, das Rind 60, das Haushuhn 78, *Eupagurus ochotensis* (Krebsart) 254 und *Ophioglossum vulgatum* (Farnart) 500. Obwohl in den letzten Jahren bei vielen Lebewesen der Chromosomenbestand in den Körperzellen untersucht worden ist, konnten wir dennoch leider keine Angaben über die Chromosomenzahl der diversen Agapornidenarten finden.

Wenden wir uns nun der Vererbung der grünen Grundfarbe beim Rosenköpfchen zu. Es sei daran erinnert, daß sich das Grün aus einem gelben Farbstoff und der Strukturfarbe Blau zusammensetzt. Ganz vereinfacht darf man sich das so vorstellen:

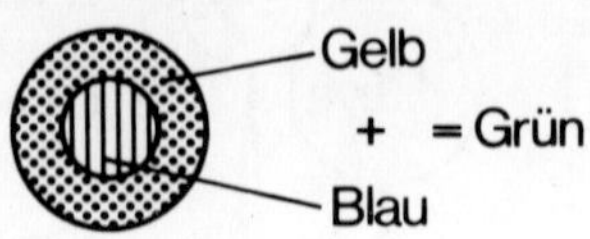

Diese beiden Farben werden zumindest durch je eine Anlage vererbt (Ausnahmen sollen bei Vererbung des Ino-Faktors, des Dunkelfaktors usw. noch beschrieben werden). Da auf jedem Paarling eines Chromosomenpaares die Anlagen für die gleichen Merkmale des Lebewesens liegen und da in den Körperzellen und auch in den Geschlechtsmutterzellen doppelte Chromosomensätze vorhanden sind, müssen also auch die Anlagen für Gelb und Blau zweimal in diesen Zellen vorkommen.

Wir wollen für diese Anlagen folgende Symbole einführen:

G = Anlage für Gelb
B = Anlage für Blau

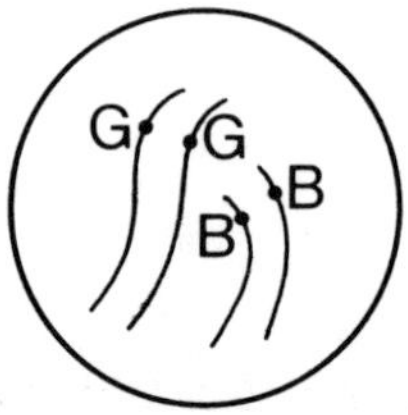

Wir müssen davon ausgehen, daß beide Anlagen (G und B) auf verschiedenen Chromosomen liegen; dies haben alle Ergebnisse der Farbzucht bei den Rosenköpfchen ergeben. Der Einfachheit halber sind in der Skizze nur die zwei Chromosomenpaare eingezeichnet, auf denen G und B liegen sollen. Wenn sich die Chromosomen identisch verdoppeln, so liegen natürlich auch auf den einzelnen Chromatiden die Anlagen für Gelb oder Blau. Kreuzen wir also ein erbreines grünes Männchen (der Züchter gebraucht dafür das Zeichen 1,0, das wie in Zukunft auch benutzen wollen) mit einem erbreinen grünen Weibchen (0,1), so ergibt sich folgendes Bild:

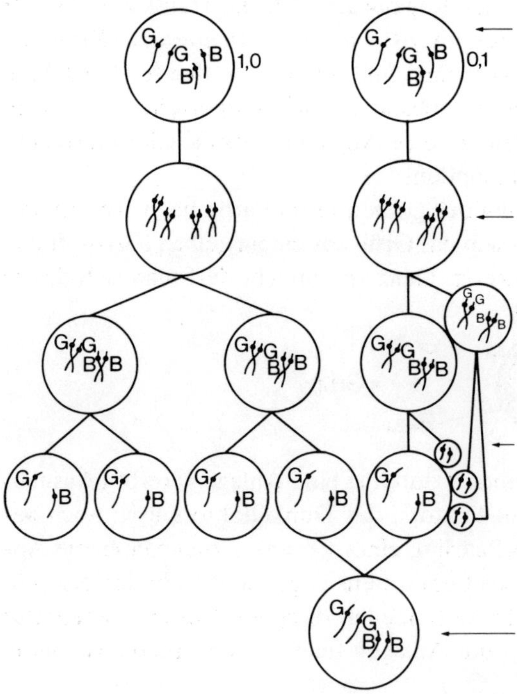

Aus der befruchteten Eizelle entsteht durch Teilung der Zelle wieder ein neues Rosenköpfchen, das von seinen Eltern die Anlagen für eine gelbe Rindenschicht und für die blaue Strukturfarbe ererbt hat. Da jeweils bei der 1. Reifeteilung die Chromosomenpaarlinge getrennt werden, die entweder die Anlagen G oder B beinhalten, muß jede Geschlechtszelle diese Anlagen je einmal enthalten.
Wir wollen in den Darstellungen der einzelnen Vererbungsgänge möglichst auf die Darstellung der Chromosomen verzichten, da wir aus Erfahrung wissen, daß viele Züchter sonst leider dieses Kapitel überschlagen, weil sie meinen, daß dies alles viel zu kompliziert sei. Wer sich jedoch ernsthaft mit der Farbzucht der Rosenköpfchen (oder anderer Agaporniden) beschäftigen will, der muß sich wenigstens mit den einfachsten Grundlagen der Vererbung vertraut machen, und zwar aus zwei Gründen:

1. Der Züchter kann dann durch genaue Aufzeichnungen die Vererbung der einzelnen Farben kontrollieren und die richtigen Paare zusammensetzen, um das gewünschte Ergebnis zu erhalten.
2. Der Agapornidenliebhaber kann nicht so schnell von gewissenlosen Züchtern betrogen werden, wenn er selbst etwas von der Vererbung der Farben versteht.

Vereinfacht läßt sich also für die Vererbung der grünen Farbe folgendes Schema aufstellen:

G = Anlage für Gelb
B = Anlage für Blau

1,0 Grün × 0,1 Grün →

Geschlechtszellen mit den Anlagen G und B →

Alle Jungtiere müssen grün sein, es gibt keine andere Möglichkeit →

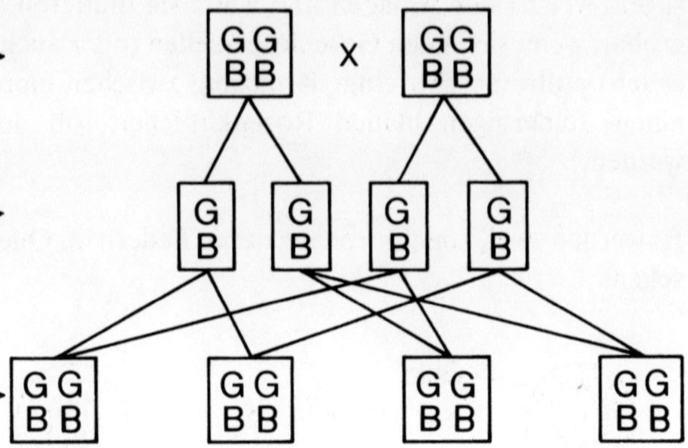

Blaue (Pastellblaue) Rosenköpfchen (Bild Seite 18)

Blaue Rosenköpfchen sind heute wohl neben den grünen die bekanntesten Rosenköpfchen überhaupt. Sie sollen zuerst 1963 in den Niederlanden bei

P. Habets aus einem normalen, grünen Paar gefallen sein (manche Autoren geben auch Weber, Schweiz, und das Jahr 1967 an).
Die blauen Rosenköpfchen zeigen im eigentlichen Sinne kein richtiges Blau, sondern eine Mischfarbe zwischen Grün und Blau, die von vielen Züchtern als Pastellblau oder Resedablau bezeichnet wird. Die Stirn ist rosarot, die Wangen und die Kehle sind hellgrau mit einem leichten Rosa-Hauch. Die Farben des Bürzels, der Beine, der Zehen und Krallen sind mit denen des Wildvogels identisch.
Wie kann ein solch blaues Rosenköpfchen entstehen? Erinnern wir uns daran, daß die grüne Farbe beim Wildvogel durch das Vorhandensein von Gelb und Blau zustandekommt. Wenn also die Feder blau werden soll, muß das Gelb (Carotinoide) aus der Federrinde verschwinden. Untersuchungen der Wellensittichfeder haben ergeben, daß dies tatsächlich der Fall ist. Erhalten bleiben jedoch die Struktur der Kästchenzellen und die Einlagerung von Melaninen in der zentralen Markschicht. So erscheint der Vogel für unser Auge blau, obwohl die Feder keinerlei Farbstoff enthält.
Erklärbar ist dies nur, wenn wir davon ausgehen, daß sich die Anlagen für Gelb in Anlagen für fehlendes Gelb umgewandelt haben. Man nennt dies eine Mutation. Da nur die Anlage (= Gen) für die Farbe mutiert ist, spricht man von einer Genmutation. (Es kann sich auch die Struktur einzelner Chromosomen = Chromosomenmutation oder die Anzahl der Chromosomen verändern = Genomutation.) Solche Mutationen erfolgen zufällig und richtungslos. Man kann nicht voraussagen, welche der Anlagen und wann sie mutieren. Mutationen sind aber vererbbar, wenn sie in den Geschlechtszellen (oder auch in den Geschlechtsmutterzellen) auftreten. An einer Kreuzung zwischen einem reinerbigen grünen und einem reinerbigen blauen Rosenköpfchen soll nun der Erbgang dargelegt werden.

Es werden zwei Vögel verpaart, deren Federn im Querschnitt vereinfacht so aussehen:

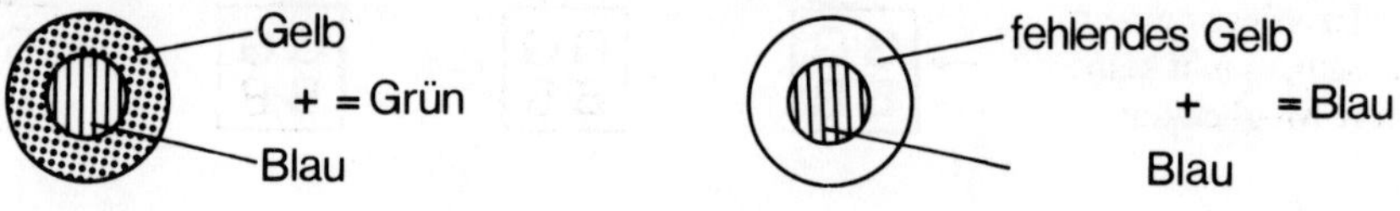

Der grüne Vogel hat also zwei Anlagen für Gelb und zwei für Blau, der blaue Vogel zwei für fehlendes Gelb und zwei für Blau.

Wie wählen wieder Buchstaben als Symbole für die Anlagen:

G = Anlage für Gelb   g = Anlage für fehlendes Gelb
B = Anlage für Blau

Das Erbbild, der Genotyp, der Vögel sieht dann so aus:

Bei Benutzung des schon bekannten Schemas ergibt sich nun folgendes Bild:

Grün × Blau (P)

Geschlechtszellen mit den Anlagen GB bzw. gB

Nur Nachkommen mit den Anlagen Gg BB (F_1)

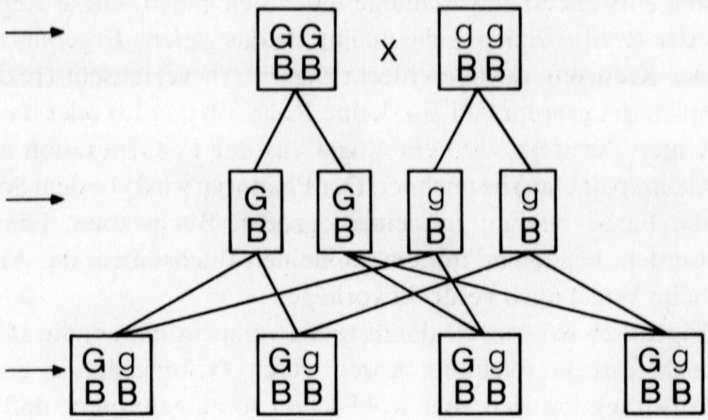

Aus der Kreuzung Grün × Blau können also Vögel entstehen, die eine Anlage für Gelb, eine für fehlendes Gelb und zwei für Blau haben.
Die Elterngeneration (Parentalgeneration, abgekürzt P) hatte je ein Paar Anlagen für Gelb und Blau bzw. für fehlendes Gelb und Blau, man bezeichnet sie daher als reinerbig oder homozygot. Die Tochtergeneration (1. Filialgeneration, F_1), hat je eine Anlage für Gelb und fehlendes Gelb, dazu noch zwei Anlagen für Blau. Man nennt diese Nachkommen Mischlinge oder Hybriden, sie sind mischerbig oder heterozygot (in Bezug auf die Farbe – nicht zu verwechseln mit Mischlingen zwischen verschiedenen Arten!).
Wie sehen diese Vögel aus? Sie sind grün und sind vom grünen Elternteil nicht zu unterscheiden.
Die meisten der Genmutationen sind rezessiv (werden überdeckt), d. h. hier: Eine Anlage für fehlendes Gelb tritt beim Rosenköpfchen nicht in Erscheinung,

wenn der Vogel auch eine Anlage für Gelb hat, die dann dominant ist (überdeckt). Wir müssen also unterscheiden zwischen dem Erscheinungsbild des Vogels (= Phänotyp) und dem Erbbild (= Genotyp). Im Genotyp haben die Nachkommen zwar eine Anlage für fehlendes Gelb, aber auch eine Anlage für Gelb, so daß im Phänotyp das Merkmal gelbe Rindenschicht ausgeprägt wird (rezessive Anlagen werden immer mit kleinen Buchstaben gekennzeichnet, wie wir es auch in unserem Erbschema getan haben).
Dies Ergebnis deckt sich vollkommen mit den Erkenntnissen, die Johann Gregor Mendel bereits 1865 in seiner Arbeit „Versuche über Pflanzenhybriden" veröffentlichte. Mendel experimentierte hauptsächlich mit verschiedenen Erbsensorten. Die erste Regel, die er aufgestellt hat, lautet: Kreuzt man zwei reinerbige Individuen einer Art, die sich in einem einzigen Merkmal unterscheiden, so sind alle entstehenden Mischlinge unter sich gleich. Diese Regel wird Uniformitäts- oder Reziprozitätsregel genannt, da das gleiche Ergebnis auftritt, wenn man bei der Kreuzung das Geschlecht der Eltern vertauscht (reziproke Kreuzung). Es spielt in unserem Fall also keine Rolle, ob das 1,0 oder das 0,1 blau ist.
Unter Züchtern wird ein Vogel aus der F_1-Generation als Grün/blau (sprich: Grün spalt blau) bezeichnet. Der Phänotyp wird vor dem Schrägstrich angegeben, die Farbe beginnt mit einem großen Buchstaben. Hinter dem Schrägstrich werden, beginnend mit einem kleinen Buchstaben, die Anlagen angegeben, die beim Vogel noch verdeckt vorliegen.
Eigentlich ist, wie wir darzustellen versucht haben, die Bezeichnung Grün/blau nicht korrekt. Es müßte besser heißen: Grün/fehlendes gelb. Der obengenannte Ausdruck hat sich aber wohl schon so eingebürgert, daß er nicht mehr auszulöschen ist.
Wie kann man jetzt aus den mischerbigen Vögeln der F_1-Generation wieder blaue Rosenköpfchen ziehen? Es gibt da zwei Möglichkeiten. Mendel hat bei seinen Erbsenkreuzungen zwei Individuen der F_1-Generation miteinander gekreuzt, das können wir natürlich auch beim Rosenköpfchen tun.
Das Ergebnis ist auf der gegenüberliegenden Seite veranschaulicht.
Die Tiere der F_1-Generation können Geschlechtszellen bilden, die entweder die Anlagen G und B oder die Anlagen g und B enthalten, diese Geschlechtszellen treten im Verhältnis 1:1 auf. Bei der Befruchtung ergeben sich nun vier Möglichkeiten des Zusammentretens der Anlagen: 25% der Nachkommen weisen die Anlagen GGBB, 50% die Anlagen GgBB und 25% die Anlagen ggBB auf. Wir erhalten also im Genotyp drei verschiedene Varianten im Verhältnis 1:2:1. Im Phänotyp hingegen erhalten wir 75% grüne und nur 25% blaue Vögel, da ja die mischerbigen Rosenköpfchen mit dem Genotyp GgBb nicht von denen mit dem Genotyp GGBB zu unterscheiden sind, alle sind grün. Für den Züchter ist dieser

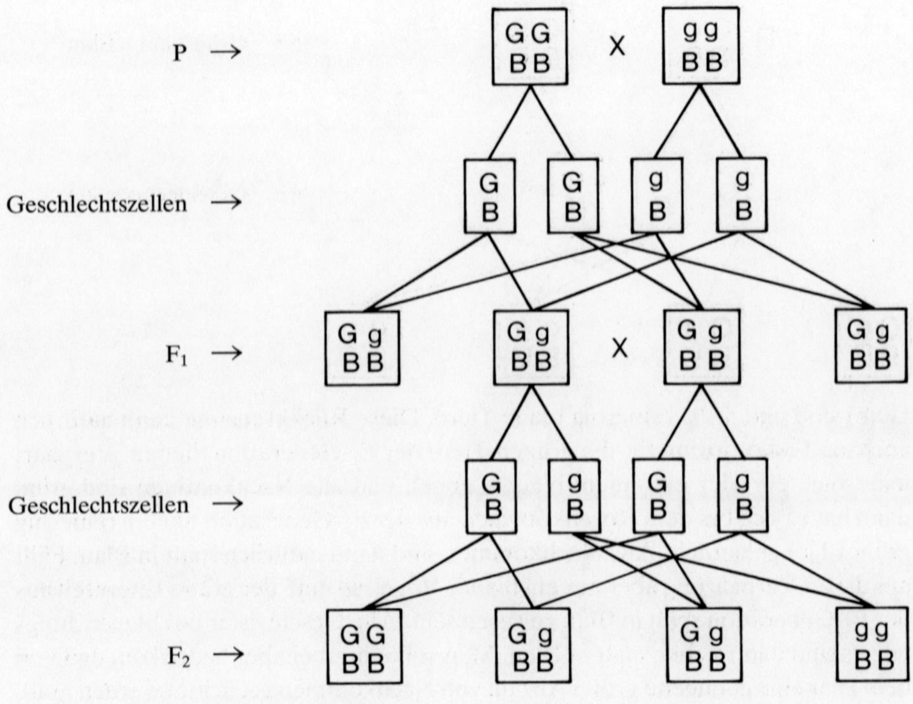

Weg also nur in Ausnahmefällen zu empfehlen, da er nicht mit Sicherheit sagen kann, ob die grünen Vögel spalterbig in Blau sind. Er hat nur mit der Wahrscheinlichkeit zu rechnen, daß zwei Drittel der grünen Vögel aus dieser Verpaarung spalterbig in Blau sein können.

Auch dieses Kreuzungsergebnis stimmt mit den Erkenntnissen Mendels überein, der in seiner zweiten Regel sagt: Kreuzt man diese Mischlinge (F_1) unter sich, so spalten in der Enkelgeneration (F_2) die Merkmale bei einem dominant-rezessiven Erbgang im Zahlenverhältnis 3 : 1 (Genotyp 1 : 2 : 1) wieder auf. Diese Regel wird als Spaltungsregel bezeichnet.

Eine bessere Möglichkeit der Verpaarung, um wieder blaue Rosenköpfchen zu bekommen, liegt in der sogenannten Rückkreuzung (R). Dazu verpaart man ein mischerbiges Tier aus der F_1-Generation mit einem reinerbigen blauen Rosenköpfchen (siehe Seite 94 oben).

Der Mischling aus der F_1-Generation kann sowohl Geschlechtszellen bilden, die die Anlagen G und B enthalten, als auch solche, die g und B weitergeben können. Der reinerbige blaue Vogel kann nur g und B vererben. Es treten unter den Nachkommen also 50 % grüne Tiere auf, die garantiert spalterbig in Blau (fehlendes

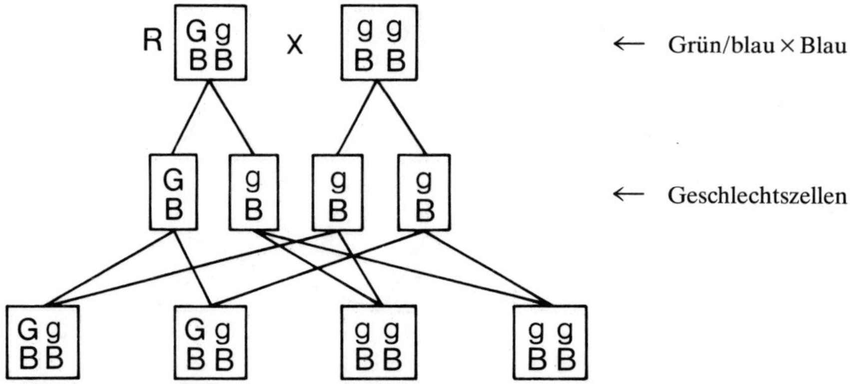

Gelb) sind und 50 % reinerbig blaue Tiere. Diese Rückkreuzung kann natürlich auch als Testkreuzung für die grünen Tiere der F_2-Generation dienen. Verpaart man solch ein Tier mit einem blauen Vogel, und alle Nachkommen sind grün, dann hat es sich bei dem Rosenköpfchen aus der F_2-Generation um ein reinerbig grünes Tier gehandelt. Alle Nachkommen sind dann natürlich spalt in Blau. Fällt aus dieser Verpaarung aber nur ein blauer Vogel, so muß der grüne Elternteil aus der F_2-Generation spalt in Blau gewesen sein. Alle Geschwister des blauen Jungvogels sind dann sicher spalt in Blau. Man sollte hierbei aber bedenken, daß von dem Paar eine genügend große Anzahl von Nachkommen gezüchtet werden muß, denn nicht in jeder Brut stimmt das theoretische Zahlenverhältnis. Wenn aber unter zehn Jungvögeln kein Blauer ist, kann man schon fast sicher davon ausgehen, daß der grüne Elternteil nicht spalt in Blau ist.

Der Vollständigkeit halber soll noch erwähnt werden, daß natürlich aus der Verpaarung Blau × Blau auch nur blaue Rosenköpfchen entstehen können, vorausgesetzt, daß die Eltern reinerbig sind.

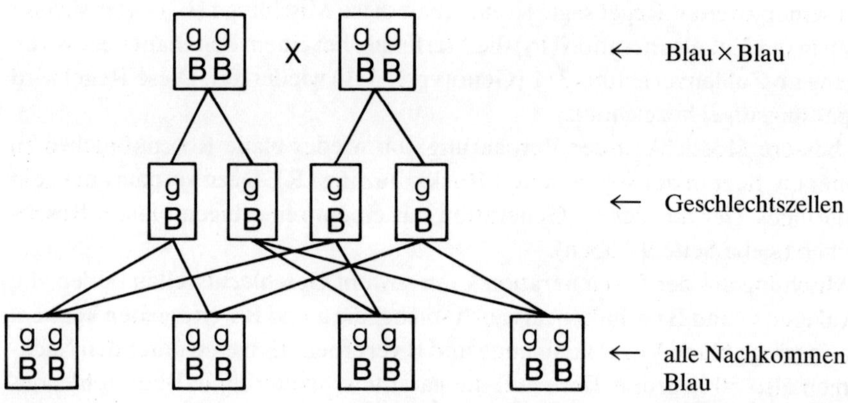

Zu bemerken ist weiterhin, daß man die blauen Jungvögel schon sofort nach dem Schlüpfen sehr gut von den grünen unterscheiden kann. Im Gegensatz zu den grünen Rosenköpfchen, die ein leicht rosa gefärbtes Dunenkleid besitzen, zeigen die blauen fast weiße Dunen.

Wenn, wie am Anfang dieses Kapitels angegeben, aus zwei grünen Rosenköpfchen die ersten blauen gefallen sein sollten, so müssen also beide Elternteile spalt in Blau gewesen sein. War dies reiner Zufall? Es sei hier noch einmal daran erinnert, daß an gleichen Stellen der beiden Chromosomenpaarlinge (homologe Chromosomen) Anlagen (Gene) liegen, die das gleiche Merkmal bestimmen, z.B. gelbe Rindenschicht oder weiße Rindenschicht. Solche Gene bezeichnet man als Allele. Allele Gene mutieren unabhängig voneinander, dadurch wird der Vogel in Bezug auf die betreffende Erbanlage mischerbig oder heterozygot.

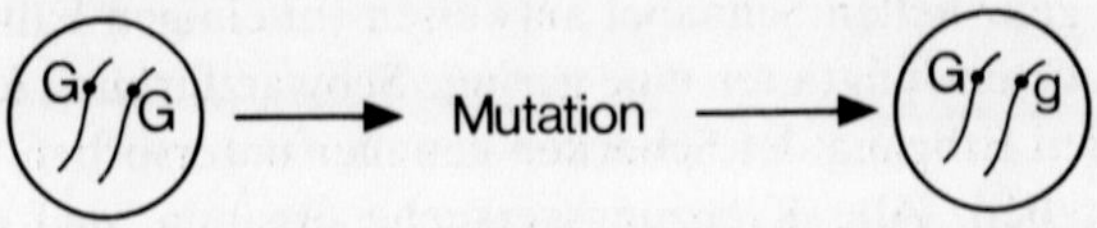

Solche Mutationen treten sicher auch in der freien Natur auf, man sieht dies den Tieren aber nicht an. Nur wenn solch ein Vogel sich mit einem Vogel paart, der die gleiche rezessive Mutation als Anlage hat, entsteht ein blaues Rosenköpfchen. Die Wahrscheinlichkeit dafür ist natürlich sehr gering, und der Fall tritt wohl nur ein, wenn sich Nestgeschwister miteinander verpaaren. Sollte nun aber wirklich ein blauer Vogel in Freiheit entstehen, so hat dies anders gefärbte Tier viel geringere Lebenschancen, da ihm die Tarnfarbe fehlt und ein Raubvogel es im Schwarm besser fixieren und damit erjagen kann. Überlebt der blaue Vogel aber dennoch bis zur Geschlechtsreife und verpaart sich mit einem normalfarbenen Vogel, so entstehen wiederum nur phänotypisch grüne Vögel, die alle spalterbig in Blau sind. Also verschwinden die andersartig gefärbten Tiere schnell wieder.

In der Gefangenschaft können solche Mutationen aber in Erscheinung treten, wenn man Inzucht betreibt, d. h., wenn man verwandte Vögel miteinander verpaart. Dann ist die Wahrscheinlichkeit ziemlich hoch, daß irgendwann einmal solche rezessiven Anlagen im Genotyp doppelt auftreten und also auch phänotypisch sichtbar werden.

Wir müssen mit großer Sicherheit annehmen, daß auch die ersten blauen Rosenköpfchen aus miteinander verwandten Tieren, die beide die rezessive Anlage hatten, entstanden sind.

Eine Frage bleibt nun zumindest noch offen. Warum sind die blauen Rosenköpfchen nicht wirklich blau, sondern pastell- oder resedablau? Wir wollen versuchen, dies im übernächsten Kapitel zu beantworten.

Grüngelbgescheckte Rosenköpfchen (Bild Seite 18)

In der Mitte der 60er Jahre entstand in den USA (Kalifornien) eine neue Mutation, die Schecken. Jim Hayward (1973) gibt zwar an, daß diese bereits um 1930 aufgetreten seien, dies halten wir jedoch für einen Irrtum.
Die Vögel dieser Mutation zeigen eine gelbe Scheckung im Gefieder. Diese Scheckung kann sehr verschieden ausfallen; es gibt heute bereits fast 100 % aufgehellte Tiere, die aber genetisch als Schecken zu bezeichnen sind. Bürzel und Maske bleiben wie beim wildfarbenen Tier erhalten, wenn die Scheckung auch gelegentlich in die Maske eingreift. Die grünen Gefiederteile können auch aufgehellt (hellgrün) sein, die Schwungfedern sind zum Teil weiß. Einige Krallen, manchmal auch alle, sind hell.
Junge Schecken erkennt man im Nest daran, daß sie statt einer schwarzen Schnabelwurzel einen ganz hellen Schnabel aufweisen (in einigen Fällen konnten wir bei wenig gescheckten Jungtieren eine geringe Schwarzfärbung feststellen).
Wenn wir nun den Erbgang der Schecken genauer untersuchen wollen, müssen wir zuerst feststellen: Alle Kreuzungsversuche ergaben, daß diese Mutation dominant vererbt wird. Dies heißt, daß eine Anlage für Scheckung immer die Anlage für Nichtscheckung überdeckt (eine eventuelle Ausnahme wird weiter unten erläutert).
Der wildfarbene Vogel hat keine Anlage für Scheckung, aber natürlich Anlagen für Nichtscheckung. Dies muß man bei der Aufstellung eines Erbschemas unbedingt berücksichtigen. Wir wollen für die Anlage Scheckung das Symbol S (dominant) und für die Anlage Nichtscheckung s (rezessiv) einführen.
Ein grünes Rosenköpfchen hätte dann folgenden Genotyp:

G G	G = Anlage für Gelb
B B	B = Anlage für Blau
s s	s = Anlage für Nichtscheckung

Ein reinerbiger Schecke hätte den Genotyp:

G G	G = Anlage für Gelb
B B	B = Anlage für Blau
S S	S = Anlage für Scheckung

Der Scheckfaktor bewirkt, daß in einigen Teilen des Gefieders die Einlagerung von Melaninen unterbleibt. Somit fällt in diesen Teilen die Strukturfarbe Blau

aus, die Feder ist dann gelb. Die Schwungfedern, die beim Wildvogel fast schwarz sind, also kein Gelb beinhalten, müssen natürlich beim Fehlen von Melaninen weiß aussehen.
Verpaaren wir nun einen reinerbigen Schecken mit einem reinerbig grünen Rosenköpfchen, so ergibt sich folgendes Erbschema:

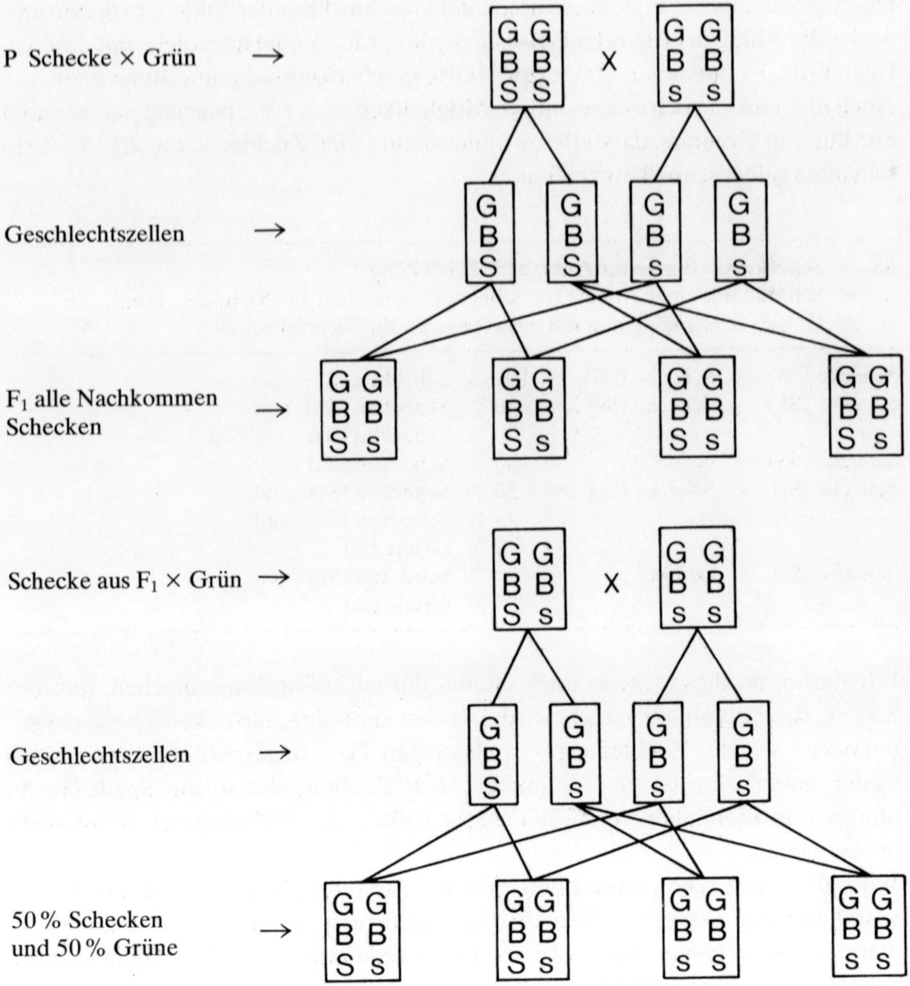

Da der Schecke nur Geschlechtszellen bilden kann, die die Anlagen GBS enthalten, und der wildfarbene Vogel nur solche mit den Anlagen GBs, erhalten

alle Jungtiere eine Anlage für Scheckung und eine für Nichtscheckung. Sie sind aus diesem Grunde alle gescheckt, da diese Anlage ja dominant ist, somit kommt die rezessive Anlage für Nichtscheckung nicht zur Ausbildung. Die Jungtiere sind jedoch vom gescheckten Elterntier nicht zu unterscheiden.
Kreuzt man nun die Jungtiere aus der F_1-Generation mit grünen Rosenköpfchen, so kommen wir zu dem auf Seite 97 im unteren Schema gezeigten Ergebnis.
Der Schecke aus der F_1-Generation kann Geschlechtszellen bilden, in denen entweder die Anlagen GBS oder GBs liegen, der grüne Vogel nur solche mit den Anlagen GBs. Es entstehen also je zur Hälfte gescheckte und grüne Jungvögel.
Auch hier gibt es noch einige andere Möglichkeiten der Verpaarung, die wir aber nur kurz im Ergebnis darstellen wollen, denn jeder Züchter kann sich die Erbschemata selbst schnell aufzeichnen.

SS = Schecke mit doppelter Anlage für Scheckung
Ss = Schecke mit einer Anlage für Scheckung und einer für Nichtscheckung
ss = Grünes Rosenköpfchen mit zwei Anlagen für Nichtscheckung

Schecke (SS)	×	Schecke (SS)	=	100 %	Schecken (SS)	
Schecke (SS)	×	Schecke (Ss)	=	50 %	Schecken (SS)	und
				50 %	Schecken (Ss)	
Schecke (SS)	×	Grün (ss)	=	100 %	Schecken (Ss)	
Schecke (Ss)	×	Schecke (Ss)	=	50 %	Schecken (Ss)	und
				25 %	Schecken (SS)	und
				25 %	Grüne (ss)	
Schecke (Ss)	×	Grün (ss)	=	50 %	Schecken (Ss)	und
				50 %	Grüne (ss)	

Wir dürfen an dieser Stelle noch einmal darauf aufmerksam machen, daß der Scheckfaktor dominant vererbt wird. Dies hat zur Folge, daß es keine heterozygoten oder – wie der Züchter sagt – spalterbigen Tiere in gescheckt gibt (s. jedoch weiter unten). Leider gibt es immer noch Züchter, die solche Spalttiere an unwissende Liebhaber verkaufen. Oder sollten diese Züchter es selbst nicht besser wissen?
Wir haben auch schon darauf hingewiesen, daß die Scheckung sehr verschieden ausfallen kann. Die ersten Schecken in Kalifornien sollen nur eine gelbe Kopfplatte besessen haben. Im Laufe der Zeit wurden durch Auslese immer hellere Schecken herausgezüchtet, so daß es jetzt bereits fast vollständig gelb gefärbte Vögel gibt, die oft auch als solche angeboten werden. Diese Vögel sind jedoch Schecken und vererben natürlich die Scheckanlage auch dominant. Die Verteilung der Scheckung auf dem Gefieder kann man allerdings nicht voraussagen,

so fallen z. B. in unserer Zucht aus Tieren mit wenig gelber Scheckung oft sehr helle Schecken und umgekehrt. Die meisten Züchter gehen den Weg: aufgehellter Schecke × Tier mit wenig Scheckung.
Beim Liebhaber sind stark aufgehellte Schecken heute sehr begehrt. Im Ausstellungswesen werden jedoch Schecken gefordert, deren Scheckzeichnung klar abgegrenzt, nicht verwaschen und möglichst symmetrisch ist, sie sollen eine ideale Farbverteilung von 50 % : 50 % aufweisen (vergl. AZ-DKB-Einheitsstandard).
Da es blaue und gescheckte Rosenköpfchen gab, versuchten natürlich viele Züchter, diese beiden Mutationen in einer neuen Farbkombination zu vereinigen.

Blaugelbgescheckte (Pastellblaugelbgescheckte) Rosenköpfchen (Bild Seite 27)

Die Kombination der Farbe Blau und der Scheckanlage ist, wenn man sich mit den Vererbungsregeln etwas befaßt hat, eigentlich nicht sehr schwierig. Als Ausgangsmaterial dienen ein blauer und ein grüngelbgescheckter Vogel. Erinnern wir uns daran, daß das blaue Rosenköpfchen zwei Anlagen für fehlendes Gelb und zwei Anlagen für Blau hat, außerdem muß es zwei Anlagen für Nichtscheckung besitzen, also ggBBss. Der reinerbige, grüngelbe Schecke hat zwei Anlagen für Gelb, zwei für Blau und zwei für Scheckung = GGBBSS. Unser Erbschema sähe dann so aus:

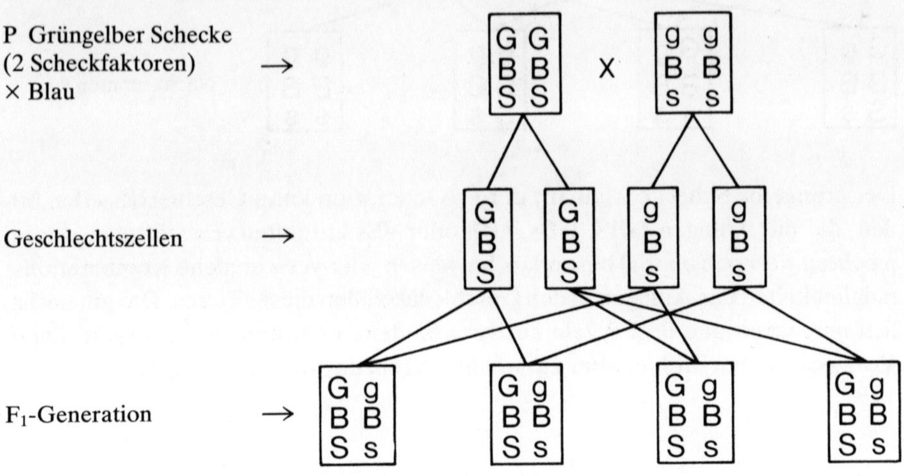

Der Schecke kann nur die Anlagen G, B und S vererben, der blaue Vogel nur die Anlagen g, B und s. Alle direkten Nachkommen dieser beiden Vögel (F_1) haben

also die Anlagen GgBBSs. G ist dominant über g, so haben die Vögel in ihren Federn eine gelbe Rindenschicht. Die Strukturfarbe Blau wird durch die Anlage B hervorgerufen. Die Grundfarbe dieser Rosenköpfchen ist folglich Grün. S ist dominant über s, also zeigt sich der Scheckfaktor natürlich im Phänotyp. Die Vögel der F_1-Generation sind somit grüngelbe Schecken, aber sie haben eine Anlage für fehlendes Gelb (g), sind also spalt in Blau. Ganz genau müßten wir eigentlich sagen, sie sind nicht nur spalt in Blau, sondern auch in Nichtgescheckt, denn sie weisen im Genotyp ja auch die Anlage s auf. Der Züchter bezeichnet sie als Schecken mit einem Scheckfaktor.
Der nächste Schritt wäre die Rückkreuzung eines Vogels aus der F_1-Generation (Grüngelber Schecke/blau) mit einem blauen Vogel:

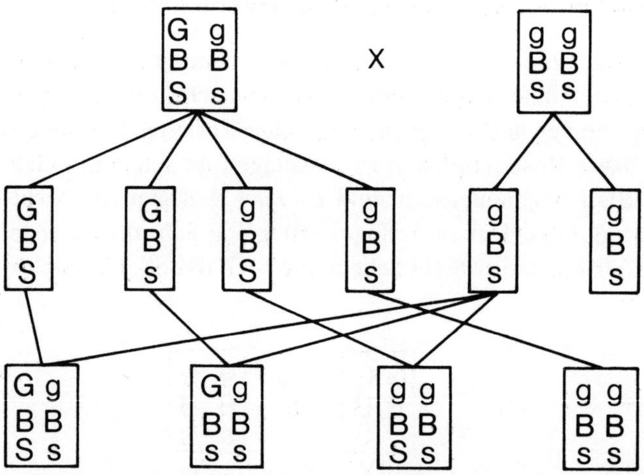

Rückkreuzung Grüngelber Schecke (1 Scheckfaktor) × Blau

Geschlechtszellen

Nachkommen

Der grüngelbe Schecke/blau aus der F_1-Generation kann Geschlechtszellen bilden, die die Anlagen GBS, GBs, gBS oder gBs enthalten. Es gibt also, darauf möchten wir noch einmal besonders hinweisen, vier verschiedene Kombinationsmöglichkeiten der Anlagen in den Geschlechtszellen dieses Tieres. Das gilt natürlich nur, wenn alle drei Allele auf verschiedenen Chromosomen liegen. Diese Voraussetzung trifft hier aber zu, wie alle Kreuzungsversuche ergaben.

Abb. 39 (oben links): Pfirsichköpfchen wildfarben (s. Seite 70). Abb. 40 (oben rechts): Pfirsichköpfchen Gelb (s. Seite 150). Abb. 41 (unten links): Rußköpfchen wildfarben (s. Seite 72). Abb. 42 (unten rechts): Erdbeerköpfchen wildfarben (s. Seite 73).

Der blaue Vogel kann nur Geschlechtszellen bilden, die die Anlagen gBs enthalten. Aus diesem Grunde haben wir in dem Erbschema auch nur eine Geschlechtszelle des blauen Rosenköpfchens berücksichtigt.
Wir erhalten aus dieser Verpaarung also Jungvögel mit den Genotypen GgBBSs, GgBBss, ggBBSs und ggBBss im Verhältnis 1:1:1:1 oder je 25 %. Wie sehen diese Vögel nun aus (Phänotyp)?
Die Rosenköpfchen mit dem Genotyp GgBBSs sind uns schon bekannt. Sie haben eine Anlage für gelbe Federrinde (dominant), Anlagen für die blaue Strukturfarbe und eine Anlage für Scheckung, es sind also grüngelbe Schecken/blau mit einem Scheckfaktor.
Die Vögel mit dem Genotyp GgBBss kennen wir auch bereits. Sie haben wiederum eine gelbe Rindenschicht, die blaue Strukturfarbe, aber keine Scheckanlage (oder zwei Anlagen für Nichtscheckung), es sind also Grüne/blau.
Der Genotyp ggBBSs ist noch nicht vorgekommen, aber wir können ihn nun leicht als Phänotyp bestimmen. Zwei Anlagen für fehlendes Gelb in der Rindenschicht, zwei Anlagen für blaue Strukturfarbe und eine Anlage für Scheckung (dominant), also muß hier ein Schecke in Blau entstanden sein.
Die vierte Möglichkeit ist schnell zu erkennen: kein Gelb in der Rindenschicht, Strukturfarbe Blau vorhanden, keine Anlage für Scheckung, also sind dies blaue Rosenköpfchen.
Zusammengefaßt bedeutet das: Verpaaren wir einen Grüngelbgescheckten/blau (mit einem Scheckfaktor) mit einem blauen Rosenköpfchen, so erhalten wir je 25 % Jungtiere in den Farben Grün/blau, Grüngelbgescheckt/blau (mit einem Scheckfaktor), Blaugelbgescheckt (mit einem Scheckfaktor) und Blau.
Dies entspricht der dritten Mendelschen Regel, die besagt, daß die Erbanlagen unabhängig voneinander vererbt und bei der Geschlechtszellenbildung neu kombiniert werden (Regel von der Unabhängigkeit der Erbanlagen oder der Neukombination der Gene). Die Regel gilt aber nur, wenn die Anlagen auf verschiedenen Chromosomen liegen, wie wir oben bereits erwähnt haben. Mendel waren die Chromosomen aber noch unbekannt.
Der aufmerksame Leser wird bemerkt haben, daß wir von blaugelben Schecken sprechen. Müßten nicht eigentlich blauweiße Schecken entstanden sein, denn wir haben doch dargelegt, daß durch den Scheckfaktor im Gefieder die Strukturfarbe Blau teilweise ausfällt. Der blaue Vogel hat, so haben wir gesagt, kein Gelb im

Abb. 43: 1,1 Bergpapagei wildfarben (s. Seite 74).

Gefieder. Wenn in Federn, die kein Gelb aufweisen, auch noch das Blau ausfällt, müßten diese doch weiß aussehen! Die Schecken in Blau sehen aber blaugelbgescheckt aus, wobei das Gelb nicht kräftig wie bei den grüngelben Schecken ist, sondern mehr eine helle, cremige Gelbfärbung zeigt. Auch das Blau ist bei diesen Schecken oft sehr aufgehellt.

Es sei hier daran erinnert, daß wir schon bei der Beschreibung des blauen Rosenköpfchens darauf aufmerksam gemacht haben, daß es sich dabei nicht um eine klare, kräftig blaue, sondern um eine pastell- oder resedablaue Färbung handelt. Wie ist dies zu erklären?

Da wir beim blaugelbgescheckten Rosenköpfchen keine weißen Federn finden, wie theoretisch anzunehmen ist, ergeben sich zwei Möglichkeiten. Es ist denkbar, daß das Gen, welches die gelbe Farbe in der Rindenschicht der Federn bewirkt, nicht so mutiert ist, daß die Einlagerung von gelben Farbstoffen in der Feder ganz unterbleibt, sondern daß ein Rest von Carotonoiden, wenn auch stark verdünnt, doch noch vorhanden ist. Dies würde sowohl die pastellblaue Färbung der blauen Rosenköpfchen, als auch die hellgelben Federn beim Blaugelbgescheckten erklären. Wenn dies der Fall sein sollte, so können wir heute noch keine richtig blauen Rosenköpfchen und natürlich auch keine blauweißen Schecken ziehen. Wir müssen dann auf eine weitere Mutation dieser Anlage warten.

Eine andere Möglichkeit wäre die, daß noch eine zweite Anlage für die helle Gelbfärbung der Rindenschicht verantwortlich ist. Auch diese Möglichkeit wird von manchen Züchtern angenommen, siehe Ochs (1980). Uns scheint es jedoch sehr bedenklich zu sein, diese Anlage einfach als „Gelbgesichtsfaktor“ (in Anlehnung an die Wellensittichvererbung) zu bezeichnen. Für vollkommen verfehlt halten wir die Annahme, daß dieser „Gelbgesichtsfaktor“ als dominante Anlage vom gelbgrünen Schecken auf die blaugelben Schecken übertragen worden ist, wie es im AZ-DKB-Einheitsstandard beschrieben wird. Wenn das der Fall wäre, müßte dieser „Gelbgesichtsfaktor“ sehr schnell durch eine planmäßige Zucht verdrängt werden können, denn die Nicht-Schecken dürften dann diese Anlage ja nicht aufweisen. Wenn es solch eine zweite Anlage gibt, muß sie auch beim wildfarbenen, beim blauen Vogel und bei allen anderen Farbmutationen vorhanden sein (siehe z. B. Albino). Wir müssen auch dann darauf warten, daß diese Anlage einmal mutiert, um wirklich blaue oder blauweißgescheckte *Roseicollis* zu bekommen. Auf dieses Problem soll aber noch einmal im Abschnitt „Zukunftsperspektiven“ eingegangen werden.

Welche von beiden Annahmen nun stimmt, können wir nicht eindeutig sagen, da dieses Problem in keiner Weise geklärt ist. Wir vermuten aber, daß es sich um eine zweite Anlage handelt, die die verdünnte Einlagerung von gelben Farbstoff bewirkt, dies natürlich im ganzen Gefieder (bei allen bekannten Farbmutationen).

Es ist u.E. sehr richtig, wenn Ochs schreibt, daß es bei den Rosenköpfchen heute eigentlich kein Problem mehr ist, neue Mutationen oder Farbkombinationen fortpflanzungsfähig am Leben zu erhalten, sondern daß die großen Probleme bei der korrekten Bezeichnung der Farbschläge auftreten. Wenn wir auch in unseren Darlegungen kurz gefaßt immer von blauen bzw. von blaugelbgescheckten Rosenköpfchen schreiben, so sind wir doch auch der Auffassung, daß diese korrekt als Pastellblau bzw. Pastellblaugelbgescheckt zu bezeichnen wären (siehe die jeweiligen Überschriften).

Wenden wir uns nun aber wieder der Vererbung des Scheckfaktors bei den blauen Vögeln zu. Dem Leser ist es sicher klar, daß im Rahmen dieses Buches nicht alle Verpaarungsmöglichkeiten aufgezeichnet werden können. Mit etwas Übung kann dies aber jeder Liebhaber für seine Zuchtpaare selbst tun. Zwei Beispiele sollen die Erbgänge noch einmal verdeutlichen:

Aus der Verpaarung Grüngelber Schecke (2 Scheckfaktoren) × Blau hatten wir in F_1 Grüngelbe Schecken/blau (1 Scheckfaktor) erhalten. Diese Vögel hatten den Genotyp GgBBSs. Wie sieht der Erbgang aus, wenn wir zwei derartige Vögel aus der F_1-Generation miteinander verpaaren?

Gg BB Ss × Gg BB Ss F_1

Geschlechtszellen	G B S	G B s	g B S	g B s
G B S	G B S G B S	G B S G B s	G B S g B S	G B S g B s
G B s	G B s G B S	G B s G B s	G B s g B S	G B s g B s
g B S	g B S G B S	g B S G B s	g B S g B S	g B S g B s
g B s	g B s G B S	g B s G B s	g B s g B S	g B s g B s

F_2

Da beide Vögel Geschlechtszellen bilden können, die entweder die Anlagen GBS, GBs, gBS oder gBs enthalten, ergeben sich nun 16 Möglichkeiten des Zusammentreffens dieser Geschlechtszellen bei der Befruchtung. In der F_2-Generation können folgende Jungtiere schlüpfen:

Anteil	Genotyp	Phänotyp/spalt in
1/16 = 6,25 %	GGBBSS	Grüngelbe Schecken (2 Scheckfaktoren)
2/16 = 12,50 %	GGBBSs	Grüngelbe Schecken (1 Scheckfaktor)
2/16 = 12,50 %	GgBBSS	Grüngelbe Schecken/blau (2 Scheckfaktoren)
4/16 = 25,00 %	GgBBSs	Grüngelbe Schecken/blau (2 Scheckfaktoren)
1/16 = 6,25 %	GGBBss	Grün
2/16 = 12,50 %	GgBBss	Grün/blau
1/16 = 6,25 %	ggBBSS	Blaugelbe Schecken (2 Scheckfaktoren)
2/16 = 12,50 %	ggBBSs	Blaugelbe Schecken (1 Scheckfaktor)
1/16 = 6,25 %	ggBBss	Blau

Wir erhalten somit vier verschiedene Farben (Phänotyp), wenn auch in einem sehr unterschiedlichen Verhältnis. Es muß dem Züchter aber klar sein, daß er z. B. die grüngelben Schecken, die phänotypisch alle gleich sind, im Genotyp aber sehr verschieden sein können, nicht zu unterscheiden vermag. Das gilt natürlich auch für die blaugelben Schecken bzw. für die grünen Vögel. Die Genotypen der F_2-Generation können nur durch gezielte Rückkreuzungen (Testkreuzungen) aufgedeckt werden. Für die ernsthafte Farbzucht wäre diese Verpaarung also ungeeignet. Interessanter wäre da sicher eine Kreuzung zwischen Rosenköpfchen in den Farben Grüngelbgescheckt/blau (1 Scheckfaktor) = GgBBSs und Blaugelbgescheckt (1 Scheckfaktor) = ggBBSs (Schema s. Seite 107).

Es könnten folgende Jungtiere entstehen:

Anteil	Genotyp	Phänotyp / spalt in
1/8 = 12,5 %	GgBBSS	Grüngelbe Schecken/blau (2 Scheckfaktoren)
2/8 = 25,0 %	GgBBSs	Grüngelbe Schecken/blau (1 Scheckfaktor)
1/8 = 12,5 %	ggBBSS	Blaugelbe Schecken (2 Scheckfaktoren)
2/8 = 25,0 %	ggBBSs	Blaugelbe Schecken (1 Scheckfaktor)
1/8 = 12,5 %	GgBBss	Grün/blau
1/8 = 12,5 %	ggBBss	Blau

Grüngelbgescheckt (1 Scheckfaktor) ×
Blaugelbgescheckt (1 Scheckfaktor)

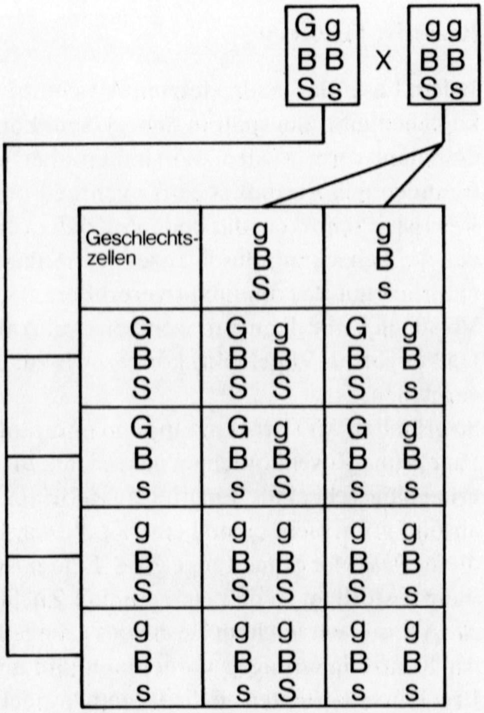

Diese Verpaarung hat den großen Vorteil, daß man bei allen Jungtieren, die grüngelbgescheckt oder grün sind, dafür garantieren kann, daß sie spalt in Blau sind. Ob die Schecken nur eine Anlage für Scheckung oder zwei haben, kann wieder nur durch eine Kontrollverpaarung festgestellt werden.

Für die Verpaarung von blauen Vögeln mit blaugelben Schecken, oder von blaugelben Schecken unter sich, gelten die gleichen Ergebnisse, wie sie im Abschnitt für grüngelbe Schecken dargestellt wurden.

Auch junge blaugelbe Schecken kann man im Nest leicht erkennen, sie haben ein fast weißes Dunenkleid (siehe „blau“) und einen hellen Schnabel.

Wir haben schon darauf hingewiesen, daß auch bei den blaugelben Schecken sehr aufgehellte Tiere entstehen können. In einigen Fällen können diese Schecken sogar das rötliche Stirnband verlieren, sie sehen dann wirklich cremig aus und werden manchmal unter der Bezeichnung „Creme“ angeboten. Es handelt sich hier aber um echte Schecken, die natürlich auch so vererben. Im Ausstellungswesen sind diese Tiere nicht erwünscht, denn der schon erwähnte AZ-DKB-Einheitsstandard verlangt, daß die Vögel eine möglichst klar abgegrenzte Schekkenzeichnung zeigen und eine ideale Farbverteilung von 50 % : 50 % aufweisen. Der Hobbyzüchter hingegen bevorzugt stark aufgehellte Schecken.

Rezessive Schecken

Jedem Leser der beiden letzten Abschnitte ist es sicher klar, daß es keine Rosenköpfchen gibt, die spalt in Scheck sein können, da ja die Anlage für Scheckung dominant vererbt wird. Wir haben aber sehr oft von niederländischen Zuchtfreunden gehört, daß es dort eventuell rezessive Schecken gab oder noch gibt. Rezessive Schecken, das bedeutet, daß es eine zweite Mutation geben könnte, bei der die Scheckung durch rezessive Anlagen vererbt wird. Diese Mutation hat natürlich mit der dominant vererbbaren Scheckung nichts zu tun. Sie tritt beim Vogel auch nur dann auf, wenn er zwei Anlagen für die rezessive Scheckung hat. Daß es solche Vögel gibt, können wir zur Zeit nicht bestätigen, aber auch nicht verneinen.
So erhielten wir (Brockmann) von unserem Zuchtfreund Enting (Emsdetten) ein Paar grüne Rosenköpfchen, das bei ihm in einer Brut neben zwei grünen auch ein grüngelbgeschecktes Jungtier ausgebrütet hatte. Die beiden Elterntiere waren absolut grün, nicht einmal eine Kralle war hell. In einer zweiten Brut bei uns zog dieses Paar vier grüne Junge groß. Leider ist die Henne an einer Eierstockentzündung gestorben, so daß eine erneute Zucht mit diesem Paar nicht mehr möglich ist. Aber da wir auch im Besitz des grüngelbgescheckten Jungtieres sind, werden wir Kontrollpaarungen vornehmen und an anderer Stelle gelegentlich über die Ergebnisse berichten. Falls irgendwo noch ähnliche Fälle bekannt sind, wären wir sehr dankbar, wenn man sie uns mitteilen könnte. Vielleicht können wir dann in Zukunft einmal mit Sicherheit sagen, ob es rezessiv vererbende Schecken gibt.
Vielleicht entstehen fast ganz aufgehellte Schecken auch aus der Kombination von dominanten und rezessiven Schecken, wie es in der Wellensittichzucht bekannt ist (Gelbe und Weiße Schwarzaugen).

Gelbe Rosenköpfchen [Jap. Golden Cherry] (Bild Seite 28)

Diese Mutation, bei uns auch als Japanisch Golden Cherry bezeichnet, hat ein fast reines gelbgefärbtes Gefieder, das aber mit einem ganz leichten Grün überhaucht ist. Die Schwingen sind weißlich-hellgrau, die Maske rot, der Bürzel hellblau, die Augen sind schwarz. Diese Vögel sind 1954 bei dem Japaner Masaru Iwata zuerst gefallen, die Farbe der Elterntiere ist uns nicht bekannt.
Das Zustandekommen dieser gelben Mutation ist leicht erklärbar. Es sei noch einmal an die Federstruktur erinnert, die vereinfacht so aussah:

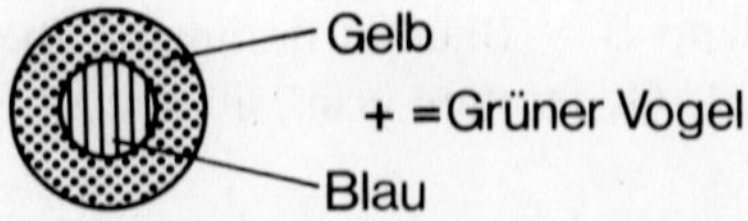

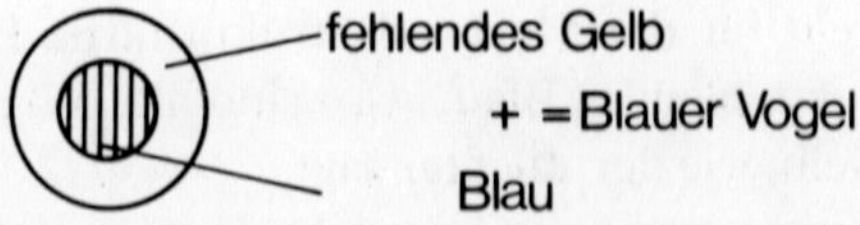

Durch eine neue Mutation hat sich die Anlage für die Strukturfarbe Blau verändert, sie fällt jetzt aus. Genauer gesagt, die Melanine werden nicht mehr in der zentralen Markschicht eingelagert, der dunkle Hintergrund fehlt also, das Licht wird vollkommen zurückgeworfen. Da aber beim gelben Rosenköpfchen die Rindenschicht gelb bleibt, ist auch der Vogel gelb.

In unserem vereinfachten Federquerschnitt sähe das dann so aus:

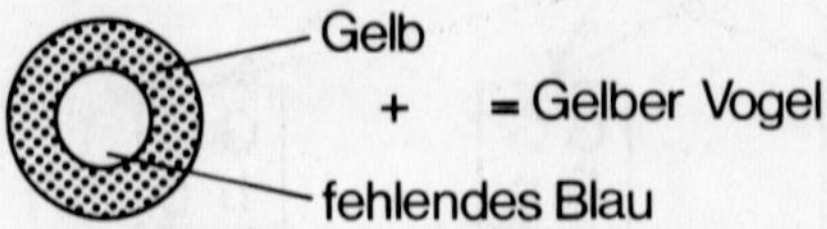

Wenn wir nun den Genotyp wieder mit Symbolen darstellen wollen, so müssen wir G = Gelb und b = fehlendes Blau einsetzen, da die Anlage für fehlendes Blau = b rezessiv gegenüber der Anlage für Blau = B ist.
Das gelbe Rosenköpfchen hätte also den Genotyp GGbb.
Kreuzen wir ein gelbes Tier mit einem grünen Vogel, so ergibt sich folgendes Erbschema:

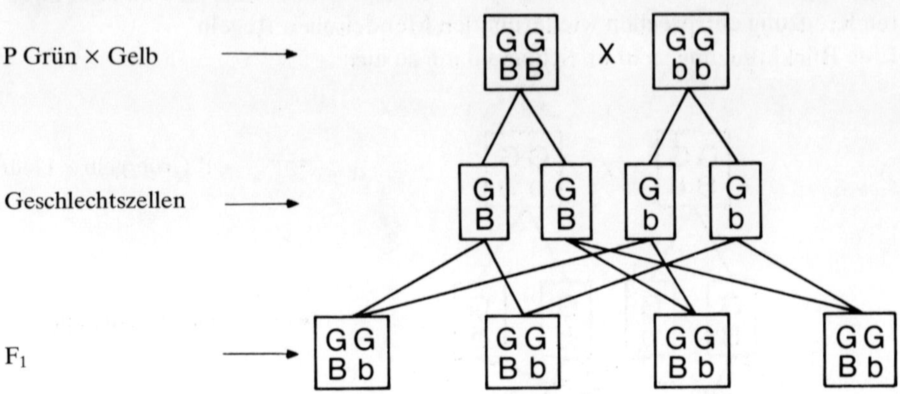

Alle Nachkommen dieser beiden reinerbigen Tiere hätten also die Anlage GGBb. Die Anlage G bewirkt die Ausbildung der gelben Rindenschicht. Die Anlage B

steht für das Merkmal Strukturfarbe Blau, denn B = Blau ist dominant über b = fehlendes Blau. Also sind alle Vögel der F_1-Generation grün, aber spalt in Gelb, wie der Züchter sagt.
Kreuzt man diese Vögel der F_1-Generation wieder miteinander, so ergibt sich:

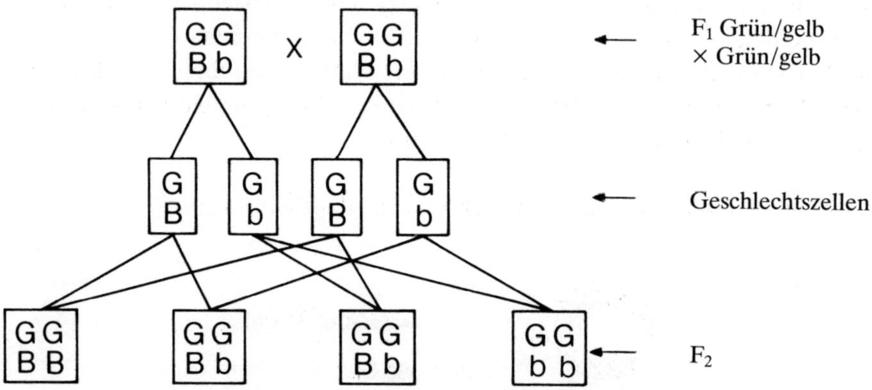

Die Nachkommen in der F_2-Generation mit dem Genotyp GGBB sind natürlich grüne Vögel, die mit GGBb sind auch grüne Rosenköpfchen, aber sie sind spalt in Gelb, nur die Tiere mit dem Genotyp GGbb sind gelb. Bei den grünen Vögeln können wir nicht unterscheiden, welche spalt in Gelb sind, da sie sich alle phänotypisch gleichen. Nur Kontrollpaarungen (Rückkreuzung) können uns über den Genotyp dieser Tiere Aufschluß geben. Die Ergebnisse der ersten und der zweiten Kreuzung entsprechen wiederum den Mendelschen Regeln.
Eine Rückkreuzung sieht im Schema dann so aus:

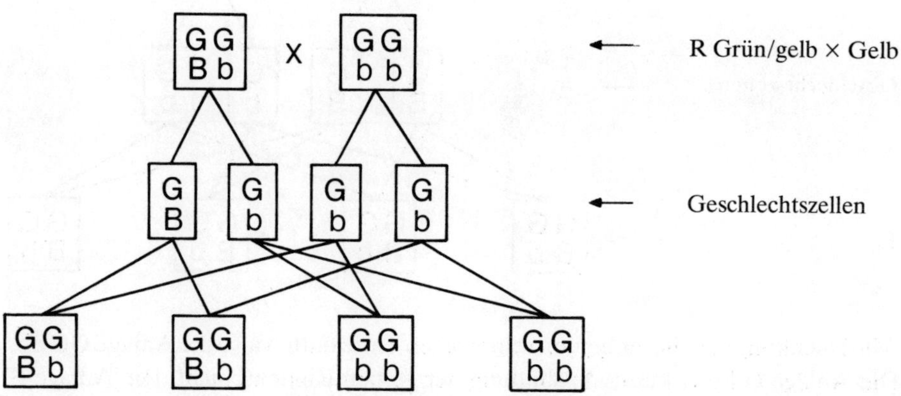

Unter den Nachkommen befinden sich je zur Hälfte Grüne/gelb und Gelbe.
Kreuzt man zwei gelbe Rosenköpfchen miteinander, so müssen natürlich alle direkten Nachkommen auch gelb sein, vorausgesetzt, die Eltern waren reinerbig.
Wenn nun blaue und auch gelbe Rosenköpfchen vorhanden sind, ist es eigentlich sehr einfach, auch an eine Kombination dieser beiden Farben zu denken.

Weiße Rosenköpfchen [Jap. Silber Cherry] (Bild Seite 28)

Bevor wir diese weißen Rosenköpfchen (auch Japanischer Silber Cherry genannt) genauer beschreiben, wollen wir zuerst ihre Entstehung darlegen.
Wenn es eine Mutation gibt, bei der die gelbe Rindenschicht nicht mehr ausgebildet wird (gelbe Rosenköpfchen) und wenn eine weitere Mutation vorhanden ist, bei der die blaue Strukturfarbe ausfällt, so drängt es den erfahrenen Züchter natürlich zu dem Versuch, diese beiden Mutationen in einem Vogel zu vereinigen.
Erinnern wir uns noch einmal daran, daß der blaue Vogel die Anlagen ggBB (g = Anlage für fehlendes Gelb, B = Anlage für Blau), der gelbe die Anlagen GGbb (G = Anlage für Gelb, b = Anlage für fehlendes Blau) haben. Es bietet sich also der Weg an, diese beiden Vögel miteinander zu verpaaren:

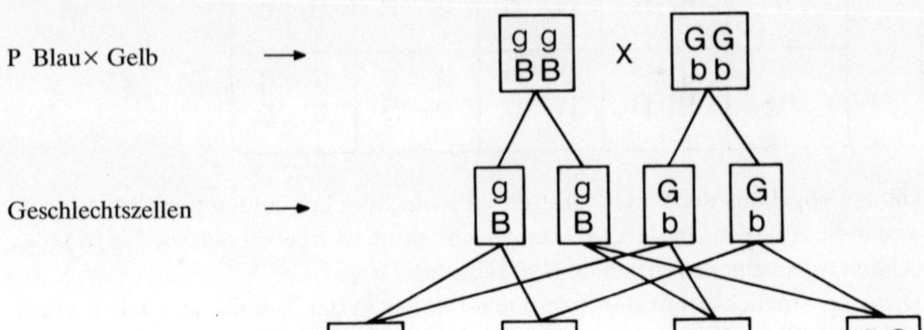

Alle direkten Nachkommen aus der Verpaarung eines blauen mit einem gelben Rosenköpfchen haben den Genotyp GgBb, da der blaue Vogel nur gB und der gelbe nur Gb vererben kann. G = Anlage für Gelb in der Federrinde dominiert über g = fehlendes Gelb, B = Anlage für Blau dominiert über b = Anlage für

fehlendes Blau, also sind alle Vögel der F_1-Generation grün! Aber diese Rosenköpfchen haben ja alle die Anlagen g und b, sie sind also auch spalterbig in Gelb und Blau, aber auch in Weiß, wie wir gleich beweisen wollen.
Kreuzt man diese Vögel der F_1-Generation jetzt wieder miteinander, so ergibt sich folgendes Erbschema:

G g B b	X	G g B b

F_1, Grün/gelb,
blau und weiß

Geschlechts-zellen	G B	G b	g B	g b
G B	G G B B	G G B b	G g B B	G g B b
G b	G G b B	G G b b	G g b B	G g b b
g B	g G B B	g G B b	g g B B	g g B b
g b	g G b B	g G b b	g g b B	g g b b

F_2

Da die Vögel aus der F_1-Generation Geschlechtszellen bilden können, die entweder die Anlagen GB, Gb, gB oder gb enthalten, so ergeben sich wieder 16 Möglichkeiten bei einer eventuellen Befruchtung.
Diese 16 Möglichkeiten sind vom Genotyp her in der Tabelle sehr leicht abzulesen, die Phänotypen sind ebenfalls einfach zu deuten, wenn wir uns daran erinnern, was die Symbole (Buchstaben) bedeuten.
Der weiße Vogel ist also aus der Kreuzung der F_1-Generation untereinander gefallen. 6,25 % heißt natürlich, daß nur ein geringer Anteil der Jungvögel in der F_2-Generation weiß ist, nämlich ungefähr 6 von 100. Aber dies war sicher der Weg, wie diese Vögel entstanden sind.
Im weißen Rosenköpfchen sind also beide Mutationen vereinigt worden, das heißt, daß dieser Vogel keine gelbe Rindenschicht in seinen Federn hat und keine

Anteil	Genotyp	Phänotyp/spalt in
1/16 = 6,25 %	GGBB	Grün
2/16 = 12,50 %	GGBb	Grün/gelb
2/16 = 12,50 %	GgBB	Grün/blau
4/16 = 25,00 %	GgBb	Grün/gelb + blau + weiß
1/16 = 6,25 %	GGbb	Gelb
2/16 = 12,50 %	Ggbb	Gelb/weiß
1/16 = 6,25 %	ggBB	Blau
2/16 = 12,50 %	ggBb	Blau/weiß
1/16 = 6,25 %	ggbb	Weiß

blaue Strukturfarbe mehr aufweist. Der Querschnitt durch eine Feder muß also vereinfacht so aussehen:

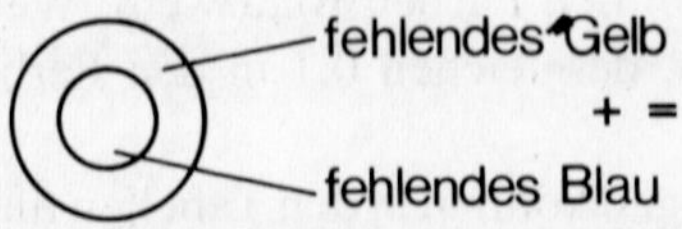

Dieser Vogel sieht aber leider nicht weiß aus, das bleibt zunächst noch ein Wunschtraum aller Züchter. Die Erklärung liegt darin, daß die Farbe dieses Rosenköpfchens eine Kombination der Farben des pastellblauen und des gelben Vogels ist. Das pastellblaue Tier zeigt ja leider, wie wir schon zuvor und in unseren Ausführungen über den pastellblaugelben Schecken beschrieben haben, keine wirklich blaue Färbung. Das restliche Gelb bleibt also auch bei unserem weißen Rosenköpfchen erhalten, so daß es ein ganz hellgelbes Federkleid mit einem leicht grünen Hauch aufweist. Eine genaue Bezeichnung für diese Farbe ist leider noch nicht allgemein gebräuchlich, so daß sie sicher weiter unter dem Namen „Japanischer Silber Cherry" vom Züchter angeboten wird.
Gelbe und weiße Rosenköpfchen sind gewiß sehr ansprechende Vögel, denn sie haben schon auf vielen Ausstellungen hohe Preise errungen. Sie sind auch dementsprechend teuer in der Anschaffung. Wir möchten an dieser Stelle aber auf ein Problem bei der Zucht dieser Mutationen aufmerksam machen, das dem Liebhaber, der sich ernsthaft mit diesen Farben beschäftigt, sicher kein Geheimnis mehr ist. Obwohl wir mit sehr vielen Züchtern Kontakt aufgenommen haben, um möglichst viel Material für diese Arbeit zu sammeln, haben wir keinen Züchter dieser Mutationen getroffen, der schon einmal Nachkommen von einem gelben oder von einem weißen Rosenköpfchen-Weibchen gezogen hat. Um es noch deutlicher zu sagen, die gelben und weißen Weibchen (japanischer Herkunft) legen Eier, aus denen – soweit wir wissen – keine Jungvögel schlüpfen. In man-

chen Fällen ist das Eiweiß dünn wie Wasser oder mit vielen Luftbläschen durchsetzt, manchmal fehlt sogar der Dotter. Sehr selten, so haben wir festgestellt, entwickelt sich ein Embryo im Ei, dieser stirbt aber immer nach kurzer Zeit ab. Ob diesem Vorgang ein Letalfaktor (tödlich) zu Grunde liegt, können wir zur Zeit nicht beurteilen. Solche Letalfaktoren sind den Vogelzüchtern beim Haubenwellensittich und auch beim Haubenkanarienvogel bestens bekannt. Nur in einem Fall ist uns berichtet worden, daß ein belgischer Züchter aus einer gelben Henne ein grünes Jungtier gezüchtet habe; wir konnten dies aber nicht nachprüfen.
Für den Liebhaber dieser Mutation bieten sich also nur folgende Kreuzungsmöglichkeiten an:

1,0 Gelb × 0,1 Grün/gelb	=	50% Gelb und 50% Grün/gelb
1,0 Grün/gelb × 0,1 Grün/gelb	=	25% Grün, 50% Grün/gelb und 25% Gelb

Man kann natürlich auch 1,0 in den Farben Blau/weiß, Weiß, Gelb/weiß oder Grün/blau + weiß verwenden, desgleichen 0,1 in den Farben Blau/weiß oder Grün/gelb + weiß.
Die Ergebnisse dieser Kreuzungen können in den Tabellen für die Farbvererbung bei *Agapornis personata* entnommen werden.
Zu bemerken ist noch, daß gelbe Rosenköpfchen, die auch spalt in Weiß sind, im Gefieder fast gar nicht den grünen Hauch zeigen.

Gescheckte Gelbe und Weiße Rosenköpfchen
(Jap. Golden und Silber Cherries mit Scheckfaktoren)

Manche Züchter versuchen nun, Schecken in die gelben oder auch in die weißen Rosenköpfchen einzukreuzen. Sie hoffen, daß dann die weiblichen Tiere vielleicht fruchtbar werden. Bis jetzt ist uns nur bekannt, daß ein solches Weibchen mehrmals befruchtete Eier hatte, ein Junges aber nicht geschlüpft ist (Ochs, brieflich).
Wir können auf diesem Weg also **Gelbe Schecken** (eigentlich: Gelb-gelbe Schekken) züchten. Diese sind bereits vorhanden. Die Vögel zeigen den Scheckfaktor fast gar nicht, was natürlich leicht zu erklären ist. Bei starker Verbreitung der Scheckung verschwindet aber der grüne Überhauch, eventuell sogar die rote Maske. Auch **Weiß-gescheckte Rosenköpfchen** (oder: weiß-gelbe Schecken) kann man herauszüchten, wenn man Schecken in die weißen Rosenköpfchen einkreuzt. Es ist uns nicht bekannt, ob es diese Tiere bereits gibt. Wir nehmen aber an, daß auch bei diesen Vögeln der leicht grüne Hauch im Gefieder verloren geht, wenn die Scheckung sehr ausgeprägt ist.

An einem Beispiel wollen wir die Einkreuzung der Schecken in die gelben oder weißen Rosenköpfchen verdeutlichen:
Wir verpaaren ein 1,0 Gelb (ohne Scheckfaktor) mit einem 0,1 Blaugelbgescheckt (mit zwei Scheckfaktoren), also 1,0 GGbbss × ggBBSS. Das Schema sähe dann so aus:

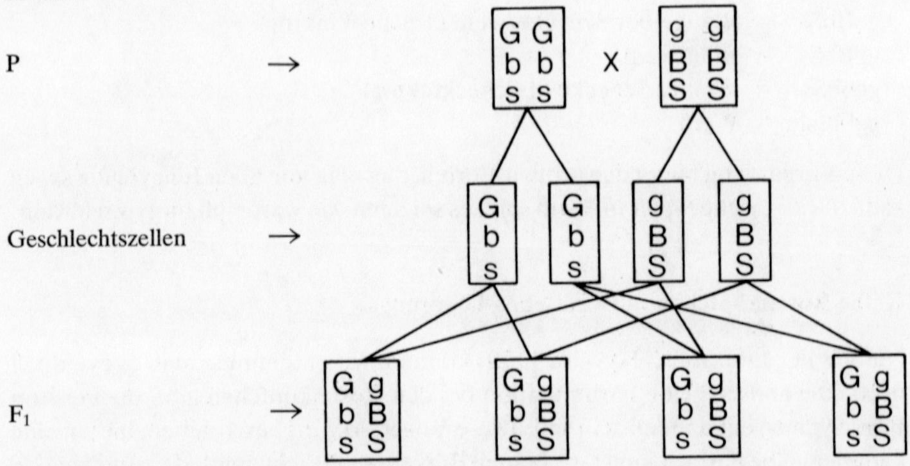

Aus dieser Verpaarung können nur Vögel fallen, die die Anlagen GgBbSs aufweisen. Diese Vögel sind grüngelbe Schecken, denn die Anlagen G, B und S sind dominant über g, b und s. Alle Jungtiere der F_1-Generation sind aber spalterbig in Blau, Gelb und Weiß, aber auch in Nichtgescheckt.
Die Rosenköpfchen aus der F_1-Generation bilden Geschlechtszellen, in denen folgende Anlagen enthalten sein können: GBS, GBs, GbS, Gbs, gBS, gBs, gbS und gbs, also acht verschiedene. Wenn wir zwei Jungtiere aus der F_1-Generation verpaaren, würden sich 64 Möglichkeiten des Zusammentreffens der Geschlechtszellen dieser Tiere ergeben. Ein solches Schema würde den Rahmen dieses Buches jedoch sprengen, wir müssen in diesem Falle also darauf verzichten. Dem Leser dürfte dennoch deutlich werden, daß aus dieser Kreuzung auch Tiere mit dem Genotyp GGbbSs oder GGbbSS fallen müssen, also unsere oben erwähnten Gelben Schecken, oder auch ggbbSS oder ggbbSs, also die weißen Schecken.
Es gibt sicher noch viele andere Wege, um solche Tiere zu erhalten. Zum Beispiel kann man die Jungen aus F_1 mit blauen, gelben oder auch weißen Tieren kreuzen. Letzterer Weg wäre bestimmt der einfachste. Das Ergebnis sähe dann so aus:

1,0 Weiß = ggbbss × 0,1 Grüngelber Schecke/blau, gelb, weiß (1 Scheckfaktor) = GgBbSs

Jungtiere je zu einem Achtel:

GgBbSs	=	Grüngelber Schecke/blau, gelb, weiß (1 Scheckfaktor)
GgBbss	=	Grün/blau, gelb, weiß
GgbbSs	=	Gelber Schecke/weiß (1 Scheckfaktor)
Ggbbss	=	Gelb/weiß
ggBbSs	=	Blaugelber Schecke/weiß (1 Scheckfaktor)
ggBbSs	=	Blau/weiß
ggbbSs	=	Weißer Schecke (1 Scheckfaktor)
ggbbss	=	Weiß

Diese Verpaarung bietet den großen Vorteil, daß man von allen Jungvögeln sagen kann, daß sie sicher spalt in Weiß sind, es sei denn, sie wären phänotypisch weiß.

Gelbe Rosenköpfchen (australischen Ursprungs)

Nur aus der Literatur (Hayward 1979) konnten wir entnehmen, daß es eventuell noch eine andere gelbe Farbmutation bei den Rosenköpfchen gibt, die bei Ron Fisk, Sydney, entstanden sein soll. Diese Vögel, so wird beschrieben, hätten eine kanariengelbe Farbe, einen fahl-blauen Bürzel, weiße Schwungfedern und dunkle Augen. Es war nicht möglich, zu klären, ob diese Vögel mit den Gelben, japanischen Ursprungs, identisch sind oder ob es sich um eine eigenständige Mutation handelt. Auch Hayward läßt diese Frage offen. Aufgrund von Beschreibungen und Fotos neigen wir jedoch zu der Ansicht, daß es sich um gelb-gesäumte Rosenköpfchen (Amerikanisch Golden Cherries) mit Scheckfaktoren handelt (s. Seite 123). Sollte dies aber wirklich eine neue Mutation sein, so könnten natürlich aus dieser wiederum Kombinationsfarben gezüchtet werden, wie:
Australisch weiße Rosenköpfchen, Australisch gelbe Schecken und **Australisch weiße Schecken.**
Denkbar wäre es auch, die Gelben, australischen Ursprungs, und diejenigen japanischen Ursprungs, miteinander zu kreuzen und dann in der zweiten Generation eine Kombinationsfarbe zu bekommen, die anschließend wieder mit Schecken kombiniert werden könnte. Dies ist aber vorerst reine Spekulation, wie wir deutlich sagen wollen. Zuerst muß geklärt werden, ob diese Mutation wirklich existiert, dann sollten Kontrollpaarungen mit den gelben Vögeln, japanischen Ursprungs, durchgeführt werden.
In letzter Zeit hört man wieder von einer neuen Mutation, die auch Australisch Gelb oder Australian Cinnamon (Australisch Zimt) genannt wird. Das Gefieder soll senffarbig sein, die Augen rot. Niederländische Zuchtfreunde teilten uns mit, daß diese Farbe geschlechtsgebunden vererbt würde. Nach den Beschreibungen,

die uns vorliegen, müssen wir annehmen, daß es sich vielleicht auch hier nicht um eine neue Mutation, sondern um die Kombination der Farben Zimt und Oliv oder Zimt und Gelb (Jap. Golden Cherry) handelt (s. Seite 142).

Gelb-gesäumte Rosenköpfchen [Amerik. Golden Cherry] (Bild Seite 28)

Diese Mutation wird auch von vielen Züchtern als „Amerikanisch Golden Cherry" bezeichnet, da sie in Amerika entstanden sein soll.
Die Federn dieses Mutationsvogels zeigen ein grünliches Gelb, wobei die Flügel- und auch die Rückenfedern eine deutlich dunklere Säumung aufweisen, daher auch die Bezeichnung „gelb-gesäumt". Die Augen sind dunkel, der Bürzel verwaschen blau, die rote Maske gleicht der des Wildvogels, die Krallen sind heller als beim grünen Tier.
Lange Zeit gab es große Verwirrung um diese Mutation, da man nicht genau wußte, ob es sich um eine eigenständige Mutation handelte oder um eine Form des gelben Rosenköpfchens. Wir wissen heute, daß es wirklich eine neue Mutation ist, und wollen das kurz erklären.
Kontrollverpaarungen mit gelben Rosenköpfchen (japanischen Ursprungs) ergaben ein klares Bild: alle Nachkommen waren grün! Mancher Leser wird sich jetzt sicher fragen, ob dieses Ergebnis auch tatsächlich eindeutig ist. Im Grunde ist es sehr einfach. Wenn man ein gelb-gesäumtes Rosenköpfchen mit einem Gelben (japanischer Herkunft) kreuzt, und beide würden zur gleichen Mutation gehören, hätten also auch die gleichen Anlagen (also GGbb), dann müßten die Nachkommen alle gelb sein. Dies war jedoch nicht der Fall. Und einen weiteren Schluß kann man aus dem oben genannten Ergebnis ziehen. Da der gelbe Vogel keine Anlage für die Strukturfarbe Blau hat, wie alle bisherigen Erbschemata zeigten, die Jungvögel aus der Kontrollverpaarung aber grün sind, so muß der gelb-gesäumte Vogel noch die Anlagen für das Blau aufweisen, und zwar so, wie sie beim wildfarbenen Vogel vorhanden sind, also nicht in irgendeiner Form mutiert. Nur so läßt sich die grüne Farbe der Nachkommen erklären. Wir müssen also davon ausgehen, daß eine weitere Anlage für die gelb-gesäumte Mutation vorhanden ist, die rezessiv vererbt wird; bei einer dominanten Vererbung müßten die Jungtiere aus der obigen Verpaarung ja auch gelb-gesäumt sein. Der rezessive Erbgang wird auch dadurch bestätigt, daß aus Verpaarungen von grünen Vögeln mit Gelb-gesäumten immer nur grüne Junge fallen. Wir wollen im weiteren Verlauf unserer Darstellungen diese Anlage als a^+ bezeichnen, in Anlehnung an Amerikanisch Golden Cherry. Wenn wir diese Bezeichnung einführen, dann dürfen wir natürlich nicht vergessen, daß der wildfarbene Vogel eine Anlage für Nicht-gelb-gesäumt hat, die wir ebenfalls bezeichnen müssen, um

entsprechend deutlich unser Erbschema aufstellen zu können; wir wollen diese Anlage mit a^- kennzeichnen.

Ein normal grünes Rosenköpfchen hat dann die Anlagen $GGBBa^-a^-$, ein gelbgesäumtes $GGBBa^+a^+$. Kreuzen wir zwei solche Tiere, dann kommen wir zu folgendem Ergebnis:

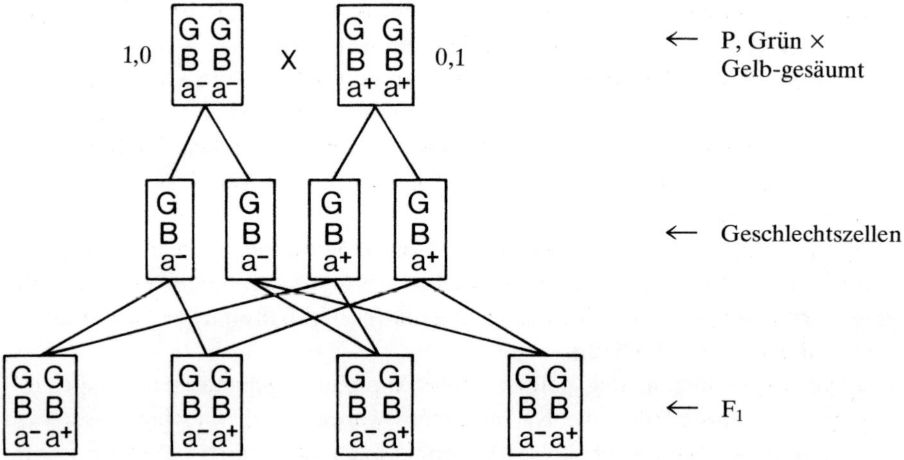

Alle direkten Nachkommen dieses Paares hätten den Genotyp $GGBBa^-a^+$. Die Anlage a^- für Nichtgelb-gesäumt ist dominant zur Anlage a^+ (gesäumt), also sind die Vögel grün, aber spalterbig in Gesäumt.

Abb. 44 (oben): Grünköpfchen (A. s. swinderniana) wildfarben (Präparat aus dem Senckenberg Museum Frankfurt) (s. Seite 77). Abb. 45 (unten links): Grünköpfchen (A. s. swinderniana) wildfarben (s. Seite 77). Abb. 46 (unten rechts): Grünköpfchen (A. s. zenkeri) wildfarben (s. Seite 77).

Verpaart man diese Vögel der F_1-Generation wieder unter sich, so erhält man:

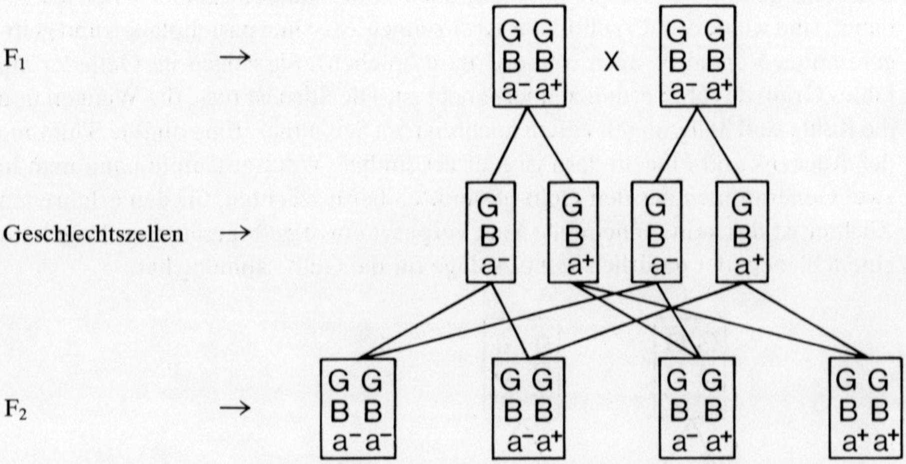

In der F_2-Generation ergibt sich wieder ein Verhältnis von 25 % Grün : 50 % Grün/gelb-gesäumt : 25 % Gelb-gesäumt, da nur das Zusammenkommen der beiden rezessiven Anlagen a^+a^+ die gelb-gesäumten Federn bewirkt. Was sich im Federaufbau durch diese Anlagen verändert, ist noch nicht geklärt. Wir nehmen aber an, daß sich die Strukturfarbe Blau abschwächt, entweder durch veränderte Melanineinlagerung oder durch Veränderung der Kästchenzellen. Die Anlagen für die Strukturfarbe Blau sind aber nach wie vor vorhanden.

Weitere Paarungsergebnisse, auch ohne schematische Darstellung, in Kurzform:

Gelb-gesäumt × Grün/gelb-gesäumt	=	50 % Grün/gelb-gesäumt und 50 % Gelb-gesäumt
Grün/gelb-gesäumt × Grün/gelb-gesäumt	=	25 % Grün und 50 % Grün/gelb-gesäumt und 25 % Gelb-gesäumt
Grün/gelb-gesäumt × Grün	=	50 % Grün und 50 % Grün/gelb-gesäumt

Abb. 47 (oben): Grauköpfchen 0,1 wildfarben (s. Seite 75). Abb. 48 (unten links): Grauköpfchen 1,0 wildfarben (s. Seite 75). Abb. 49 (unten rechts): Orangeköpfchen wildfarben (s. Seite 78).

Weiß-gesäumte Rosenköpfchen [Amerik. Silber Cherry] (Bild Seite 37)

Die weiß-gesäumten Rosenköpfchen, auch Amerikanische Silber Cherries genannt, sind wieder ein Ergebnis aus Kreuzungen zwischen pastellblauen und gelbgesäumten Vögeln (s. auch weiße Rosenköpfchen). Sie zeigen im Gefieder ein fahles Grau, das aber grünlich überhaucht ist. Die Stirn ist rosa, die Wangen und die Kehle sind hellgrau mit einem leichten rosa Schimmer. Eine dunkle Säumung der Rücken- und Flügelfedern ist klar erkennbar. Weiß-gesäumte kann man in zwei Generationen aus den Gelb-gesäumten herauszüchten, für den erfahrenen Züchter ist das kein Geheimnis. Man verpaart einen gelb-gesäumten Vogel mit einem blauen, der natürlich keine Anlage für die Gelb-säumung hat.

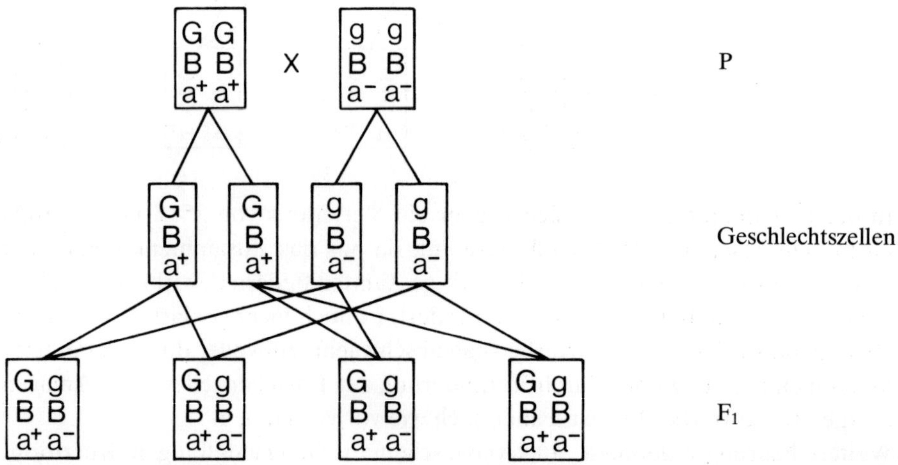

In der F_1-Generation erhalten wir nur Vögel, die die Anlagen $GgBBa^+a^-$ haben, es sind also Grüne/blau + gelb-gesäumt + weiß-gesäumt, da sie ja auch die Anlagen gBa^+ haben. Der nächste Schritt wäre der, diese Jungvögel untereinander zu verpaaren.

An dieser Stelle sei einmal kurz eingefügt, daß in den Fällen, in denen wir von der Verpaarung der Jungtiere aus der F_1-Generation sprechen, nicht die Meinung vertreten wird, daß der Züchter Inzucht betreiben solle. Dieser Weg sollte wirklich nur in Ausnahmefällen gewählt werden. Besser wäre es, zwei Paare anzusetzen und dann die Jungen dieser Paare miteinander zu kreuzen.

Wenn man also die Vögel aus der F_1-Generation mit den Anlagen $GgBBa^+a^-$ miteinander verpaart, dann können Tiere entstehen, die die Anlagen $ggBBa^+a^+$ haben. Dies wären dann die weiß-gesäumten Rosenköpfchen, wie oben beschrieben. Ihnen fehlt das Gelb in der Rindenschicht, bis auf den Teil, der durch die

Anlagen der pastellblauen Vögel in der Feder weiter vorhanden ist, außerdem ist die Strukturfarbe Blau bei ihnen stark aufgehellt.

Gelb-gesäumte-gelbgescheckte Rosenköpfchen (Bild Seite 37)

Als die gelb-gesäumten Rosenköpfchen von den USA nach Europa kamen, gab es nicht nur um diese Mutation ein Rätselraten, noch größer war die Verwirrung, als diese Tiere in vielen Variationen angeboten wurden. Sie liefen unter der Bezeichnung „Amerikanisch Golden Cherry Grün" oder „Amerikanisch Golden Cherry Hell". Heute wissen wir, daß man in die Gelbgesäumten Schecken eingekreuzt hat. Da bei diesen Vögeln (Gelb-gesäumte mit Scheckanlage) in einigen Federn, oder, wenn die Scheckung sehr ausgeprägt ist, fast im ganzen Gefieder, die Strukturfarbe Blau ausfällt, sind diese Vögel in vielen Fällen wirklich extrem gelb, behalten aber natürlich ihre dunklen Augen. Solche ganz hellen gelbgesäumte-gelbgescheckte Vögel, die bei den Liebhabern sehr begehrt sind, kann man manchmal schon im Nest erkennen, da ihre Augen unter den noch geschlossenen Lidern in den ersten Lebenstagen dunkelrot durchschimmern, später verliert sich diese Erscheinung.
Auf ein weiteres Erbschema kann gewiß verzichtet werden, da der Leser jetzt sicher in der Lage ist, es sich selbst aufzuzeichnen.
Als kleine Hilfe mögen diese Angaben dienen:
Gelb-gesäumt (= $GGBBssa^+a^+$) × Grüngelber Schecke $GGBBSSa^-a^-$ ergibt in der F_1-Generation $GGBBSsa^+a^-$, also Grüngelbe Schecken/gelb-gesäumt (1 Scheckfaktor). Diese wieder mit Gelb-gesäumt verpaart, ergeben unter anderen auch Vögel mit dem Genotyp $GGBBSsa^+a^+$, also Gelb-gesäumte-gelbgescheckte Rosenköpfchen.

Weiß-gesäumte-gelbgescheckte Rosenköpfchen (Bild Seite 37)

Der Gedanke liegt nahe, auch in die Weiß-gesäumten die dominante Scheckanlage einzukreuzen. Diese Vögel gibt es bereits schon seit einigen Jahren. Am besten wählt man natürlich zur Einkreuzung Blaugelbe Schecken, da diese die Anlage G = gelbe Rindenschicht nicht mehr besitzen, z. B. $ggBBSSa^-a^-$. Kreuzt man solch einen Vogel mit einem Weiß-gesäumten $ggBBssa^+a^+$, so erhält man in der F_1-Generation Vögel mit dem Genotyp $ggBBSsa^-a^+$. Diese wieder mit einem Weiß-gesäumten rückgekreuzt, ergeben unter anderen auch Rosenköpfchen mit den Anlagen $ggBBSsa^+a^+$, also weiß-gesäumte-gelbgescheckte Rosenköpfchen.

Für diese Vögel gilt das gleiche wie für die Schecken der Gelbgesäumten, ihre Farbe wird aufgehellt, je nachdem, wie ausgeprägt die Scheckung ist.
Es ist natürlich auch möglich, die gelb-gesäumten oder weiß-gesäumten Rosenköpfchen mit den Gelben oder Weißen (japanischen Ursprungs) zu verpaaren und Vögel zu züchten, die beide Merkmale in sich vereinigen. Unseres Wissens ist dies bis jetzt noch nicht geschehen, so können wir auch nicht beschreiben, wie diese Vögel aussehen. Außerdem könnte man auch in diese Tiere wieder die Anlage für Scheck einkreuzen, so daß wir folgende Farbkombinationen erhalten könnten:
Gelbe-Gelb-gesäumte Rosenköpfchen und diese in Schecken
Weiße-Weiß-gesäumte Rosenköpfchen und diese in Schecken
Ob diese Kombinationsfarben ein anzustrebendes Zuchtziel sind, soll dabei außer Betracht bleiben. Sicher besteht aber die Gefahr, daß man diese Vögel phänotypisch kaum noch einordnen kann.

Falbe Rosenköpfchen (Grüne Falben)

Falbe Rosenköpfchen sind eine recht neue Mutation, die 1977 in der DDR (Lehmann/Seidel 1980) und wohl auch zur gleichen Zeit in der Bundesrepublik Deutschland entstand (Grau: mündl.). Es gibt davon noch sehr wenig Exemplare, in der DDR zur Zeit (1980) drei, in der Bundesrepublik unter zehn. Auch in den Niederlanden und in Belgien sind vereinzelt Falben oder Spaltvögel anzutreffen.
Als Jungtiere haben diese Vögel ein schmutzig gelblich-grünes Federkleid, sind aber sofort nach dem Schlüpfen an ihren leuchtend roten Augen zu erkennen, die ihre Farbe auch mit zunehmendem Alter behalten.
Ausgefärbt zeigen die Falben ein gelbes Gefieder, das leicht grün überhaucht ist, Füße und Schnabel sind fleischfarben, die Maske ist kräftig rot, der Bürzel ist blau, aber im Vergleich mit den grünen Rosenköpfchen aufgehellt. Die Augen bleiben leuchtend rot. Man kann diese roten Augen schon aus einiger Entfernung erkennen, im Gegensatz zu den Augen der Lutinos (s. Seite 134).
Falbe vererben, das haben die Kreuzungsergebnisse gezeigt, rezessiv.
Die Anlage für Falb bewirkt, daß die Melaninkörnchen im Innern des Federastes, also in der zentralen Markschicht, sehr klein sind, und dichtgedrängt nur in der Mitte der Zellen liegen. Es gibt zwei verschiedene Typen von Melaninen, die schwarzen Melanine oder Eumelanine und die braunen Melanine oder Phaeomelanine. Beide Melanintypen unterscheiden sich in ihrer chemischen Struktur, sind aber nahe verwandt, da sie manchmal ineinander übergehen. Man muß also annehmen, daß beim Falben nur noch braune Melanine oder Phaeomelanine vorhanden sind, die nicht so viel Licht absorbieren, wie die Melanine beim grünen

Vogel. Aus diesem Grunde erscheint die Strukturfarbe Blau hier nur noch ganz schwach, der Vogel wirkt in seiner Gesamtheit gelb mit grünem Hauch. Die schwarzen Melanine im Bereich der Augen sind vollkommen verschwunden, daher sind sie rot.

Wir wollen für die Anlage Falb den Buchstaben f einführen, dürfen dabei aber wieder nicht vergessen, daß der grüne Vogel Anlagen für „Nichtgelb" besitzt, die wir mit F bezeichnen wollen, da diese ja dominant sind. Ein Erbschema ist dann schnell aufzustellen (Grüner Vogel = GGBBFF; Falber Vogel = GGBBff).

Eine Kreuzung dieser Vögel ergibt:

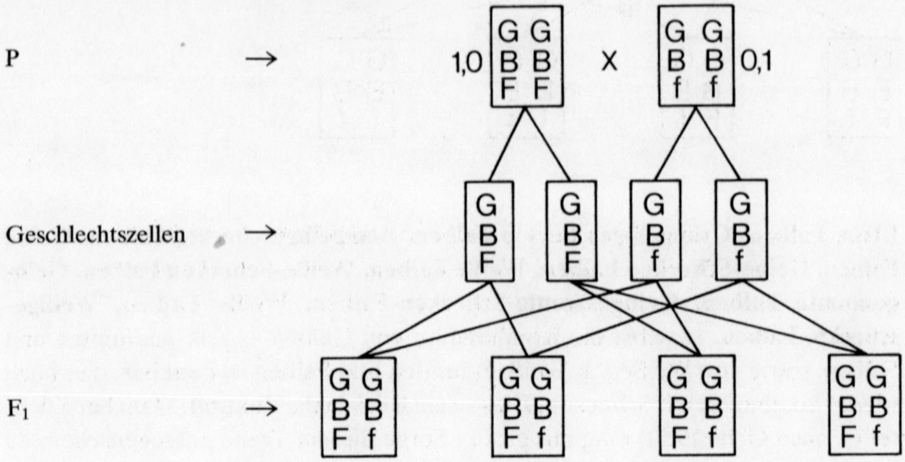

In der F_1-Generation treten nur Vögel auf, die eine Anlage für „Nichtfalb" und eine Anlage für Falb aufweisen. Diese Vögel sind also Grün/falb. Die Rückkreuzung mit einem falben Tier zeigt das Schema auf Seite 126.

Alle grünen Vögel aus dieser Verpaarung sind spalt in Falb, alle anderen natürlich Falbe.

Die weiteren Kreuzungsergebnisse kann sich ein interessierter Züchter sehr schnell selbst ausrechnen, wenn er das oben angeführte Schema benutzt.

Den wenigen Züchtern, die zur Zeit diese Farbmutation in ihren Beständen haben, ist natürlich in erster Linie daran gelegen, sie zu erhalten bzw. zu vermehren. Dies sollte mit äußerster Sorgfalt geschehen, möglichst viele blutsfremde grüne Rosenköpfchen, die allen Anforderungen in bezug auf Größe und Konstitution entsprechen, sollten eingekreuzt werden.

Durch Verpaarungen mit anderen Farbmutationen werden wir in Zukunft sicher auch neue Farbkombinationen erhalten. Wenn wir nur die bis jetzt behandelten Mutationen berücksichtigen, können wir schon folgende Vögel erwarten:

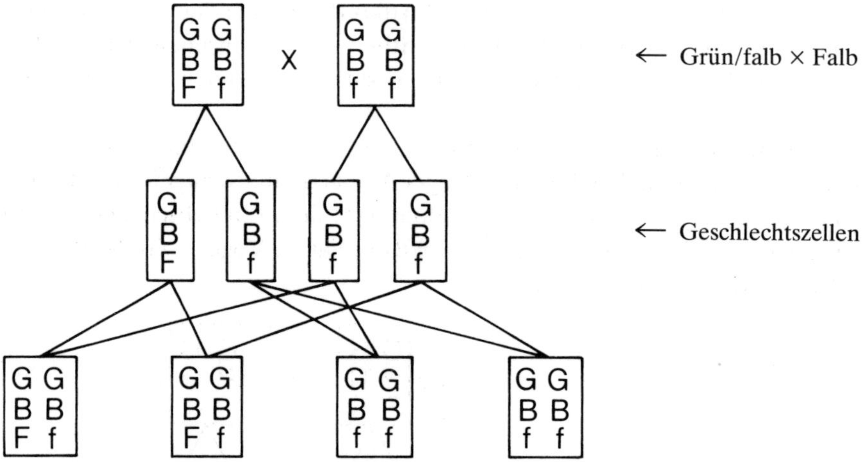

Blaue Falben, Grüngelbgescheckte Falben, Blaugelbgescheckte Falben, Gelbe Falben, Gelbe-Schecken Falben, Weiße Falben, Weiße-Schecken Falben, Gelbgesäumte Falben, Gelbgesäumte-Schecken-Falben, Weiße Falben, Weißgescheckte Falben, ja selbst die Kombination von Gelben + gelb-gesäumten und Falben, sowie von Weißen + Weißgesäumten und Falben ist denkbar, dies auch wieder kombiniert mit Schecken. Dies ist ein Blick in die Zukunft. Mancher Züchter (s. auch Ochs 1980) mag mit großer Sorge diesem Trend entgegensehen, da damit auch bei den Rosenköpfchen eine Entwicklung zu erwarten ist, wie man sie schon beim Wellensittich erlebt hat: viele Vögel werden phänotypisch nicht mehr klar einzuordnen sein. Mag die Sorge noch so groß sein, es ist damit zu rechnen, daß diese Vögel eines Tages existieren werden, denn die Neugier, wie solche Tiere aussehen könnten, wird viele Züchter veranlassen, derartige Verpaarungen vorzunehmen.

Die Falben, die in der Bundesrepublik Deutschland entstanden sind, haben wir auf Bildern und auch lebend gesehen. Die Falben, die in der DDR aufgetreten sind, kennen wir nur aus Beschreibungen und von Fotos. Es scheint uns nicht vollkommen ausgeschlossen zu sein, daß es sich eventuell um zwei verschiedene Mutationen handelt, da die Vögel aus der DDR viel heller als die hiesigen Falben sein sollen. Vielleicht sind die Rosenköpfchen aus der DDR rezessiv vererbende Lutinos, die man bei anderen Agapornidenarten ja ebenfalls kennt. Eine endgültige Klärung könnte nur durch Kreuzungen zwischen diesen beiden Typen herbeigeführt werden. Dies wird jedoch in naher Zukunft nicht möglich sein, da einem Austausch von Mutationen viele Hindernisse im Wege stehen.

Dunkelfaktorige Rosenköpfchen

Olive und Dunkelgrüne Rosenköpfchen Bild Seite 37 und 38). Die Entstehung dieser Mutation ist sowohl zeitlich als auch örtlich nicht mehr genau zu rekonstruieren. Dies liegt daran, daß es vielleicht schon vor längerer Zeit dunkelgrüne Rosenköpfchen gegeben hat, die aber nicht erkannt worden sind (was dunkelgrüne Rosenköpfchen mit dieser Mutation gemeinsam haben, wird anschließend noch erläutert). Aus den dunkelgrünen Vögeln sind auf jeden Fall die Oliven entstanden, die zum ersten Mal in der Zucht von Allan Hollingsworth (Australien) gefallen sein sollen (Hayward 1979).

Olive Rosenköpfchen zeigen als Jungvögel im Nest einen sehr dunklen, fast schwarzen Schnabel. Ausgefärbt sehen die Vögel, wie schon der Name sagt, oliv aus. Die Schwungfedern sind schwarz, der Bürzel auch (vielleicht etwas ins mauve-graue übergehend), in den Schwanzfedern sind die Flecken karminrot gefärbt. Die rote Maske bleibt erhalten, Füße und Krallen sind dunkel.

Aus Kreuzungsergebnissen weiß man heute, daß das olive Rosenköpfchen zwei Anlagen für Dunkelfärbung oder, wie der Züchter sagt, zwei Dunkelfaktoren hat. Diese Anlagen bewirken wahrscheinlich, daß die Schicht der Kästchenzellen sehr dünn ist, und so eine große Menge Licht von den Melaninen in der zentralen Markschicht absorbiert wird, wodurch die Feder dunkler erscheint. Oliv ist also keine Farbe, sondern setzt sich wieder aus dem Gelb der Rindenschicht und der Strukturfarbe des Innern der Federn zusammen.

Wir müssen davon ausgehen, daß die Vögel die Anlagen GGBB aufweisen, dazu kommen jetzt Anlagen für Dunkelfärbung, die wir mit dem Buchstaben D bezeichnen wollen. Auch hier dürfen wir nicht vergessen, daß der grüne Vogel Anlagen für „Nichtdunkelfärbung" hat, die wir d nennen wollen.

Ein olives Rosenköpfchen hat dann also die Anlagen GGBBDD, ein grünes die Anlagen GGBBdd. Kreuzen wir zwei solche Vögel miteinander, so kommen wir zu dem Erbschema auf Seite 128.

Die Vögel in der F_1-Generation haben alle den Genotyp GGBBDd. Wie sehen diese Vögel nun aus? Es sind die schon genannten dunkelgrünen Rosenköpfchen. Wie ist das zu erklären? Man hat in diesem Fall nicht mehr einen rezessiven-dominanten, sondern einen sogenannten intermediären Erbgang. Die Mischlinge oder Hybriden (in bezug auf die Farbe) zeigen eine Mittelstellung zwischen den Merkmalen der beiden reinerbigen Ausgangsvögel, sie sind dunkelgrün.

Die Farbe dieser Tiere ist also dunkler getönt, als die der grünen Rosenköpfchen, von denen sie aber sehr deutlich durch den fast ultramarinblauen Bürzel zu unterscheiden sind. Auch erscheint das Gefieder im ganzen etwas stumpfer.

Wenn man solche Vögel miteinander verpaart, also die F_2-Generation heranzüchtet, bekommt man 25 % Olive, 50 % Dunkelgrüne und 25 % Grüne (s. S. 128).

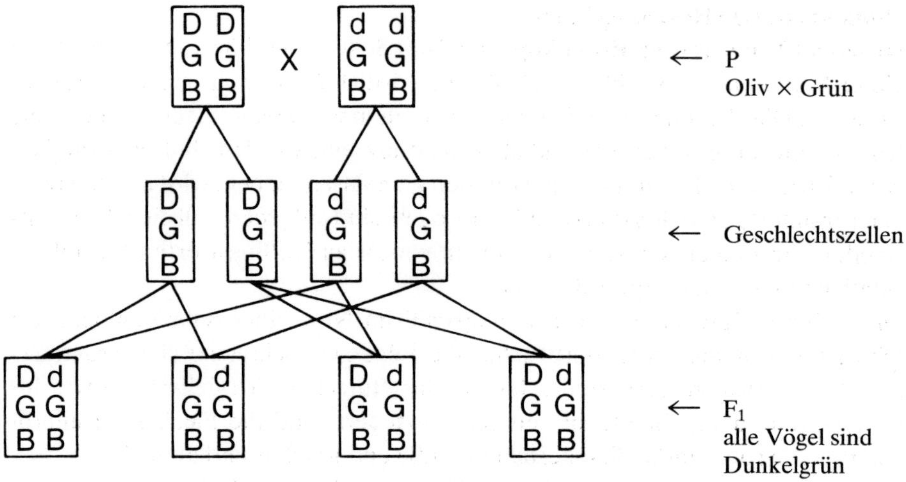

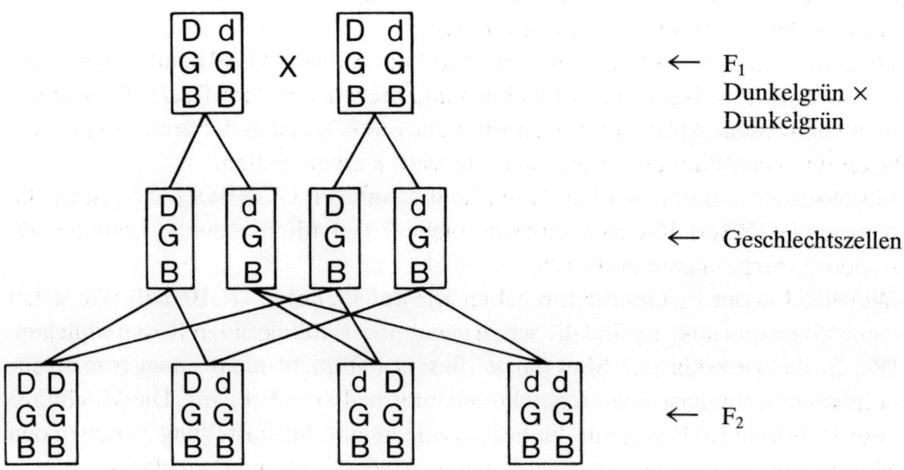

Dunkelgrün × Grün ergibt 50 % Dunkelgrün und 50 % Grün, Oliv × Dunkelgrün ergibt 50 % Oliv und 50 % Dunkelgrün. Ob ein Rosenköpfchen einen oder zwei Dunkelfaktoren ererbt hat, sieht man also im Phänotyp immer eindeutig.

Mauve und Dunkelblaue oder Kobalt-Rosenköpfchen [Pastellblaue mit Dunkelfaktoren] (Bild Seite 38 und 48). Der Gedanke, diese Dunkelfaktoren auf die Blauen zu übertragen, lag natürlich sehr nahe.

Wir wollen an dieser Stelle eine Ausnahme machen, indem wir einmal nicht von reinrassigen Tieren ausgehen, sondern das Problem von einer anderen Seite betrachten.

Dunkelgrüne/blau kann man sehr einfach bekommen, wenn man Olive mit Blauen kreuzt (100 %), oder wenn man Dunkelgrüne mit Blauen verpaart (50 %). Rein theoretisch müßte man aus einer Verpaarung von Dunkelgrün/blau × Blau je 25 % Dunkelgrün/blau, Dunkelblau, Grün/blau und Blau bekommen. Dies scheint nach unseren Erfahrungen jedoch nicht zuzutreffen, viele Züchter haben uns das auch bestätigt.

So erbrachten bei uns drei Paare 1,0 Blau × 0,1 Dunkelgrün/blau in insgesamt 17 Bruten zusammen 70 Jungtiere. Von diesen Jungvögeln waren 34 Blau, 33 Dunkelgrün/blau und 3 Dunkelblau, Grüne sind nicht gefallen. Ähnliche Resultate wurden uns von anderen Züchtern mitgeteilt.

Um dieses Ergebnis erklären zu können, sei nochmals an das erinnert, was zu Beginn im Abschnitt über wildfarbene Rosenköpfchen angeführt wurde: Die Chromosomen sind die Träger der Erbanlagen. Jede Tierart, natürlich auch das Rosenköpfchen, hat eine ganz bestimmte Anzahl von Chromosomenpaaren. Es ist klar, daß auf einem Chromosom nicht nur eine Erbanlage liegen kann, denn zur Ausbildung eines Tieres bedarf es sehr, sehr vieler Erbinformationen, auf jeden Fall mehr, als Chromosomen vorhanden sind.

Alle Erbschemata, die bis jetzt aufgezeichnet wurden, gingen davon aus, daß die Anlagen (z. B. G, B, S usw.) auf verschiedenen Chromosomen lagen, so daß eine freie Kombination all dieser Anlagen gewährleistet ist (3. Mendelsche Regel).

In diesem Falle müssen wir – dafür sprechen die Zuchtergebnisse – von der Tatsache ausgehen, daß die Anlage G für die Ausbildung der gelben Rindenschicht und die Anlage D für die Dunkelfärbung auf ein und demselben Chromosom liegen. Man spricht dann von einer Kopplungsgruppe. Beim grünen Rosenköpfchen liegen dann die Anlagen für die gelbe Rindenschicht G und „Nichtdunkelfärbung" d ebenfalls auf dem gleichen Chromosom. In einer vereinfachten Zeichnung sähe dies so aus:

Grüner ohne Dunkelfaktor

Grüner mit Dunkelfaktor

Ein blaues Rosenköpfchen hat auch eine Anlage für „Nichtdunkelfärbung" d, aber auch eine für fehlendes Gelb in der Rindenschicht = g. Hier müßte das Chromosom also so aussehen:

Die Anlagen G und d, oder G und D und auch g und d werden bei der Bildung der Geschlechtszellen nicht voneinander getrennt. Sie werden zusammen, also gekoppelt, auf die Nachkommen übertragen, da in der Regel ja auch das Chromosom als Ganzes weitergegeben wird. Aus diesem Grunde haben wir in den Erbschemata für die oliven bzw. für die dunkelgrünen Rosenköpfchen bereits die Buchstaben d und D über das G gesetzt (wir wollen das beibehalten!). Zum besseren Verständnis soll aber durch einen kleinen Strich die Kopplungsgruppe genau gekennzeichnet werden.
Es zeigt sich, daß aus der Verpaarung Dunkelgrün/blau × Blau nur Vögel fallen können, die wieder Dunkelgrün/blau und Blau sind. Warum doch ab und zu Dunkelblaue oder auch Grüne entstehen, soll anschließend erläutert werden.
Unsere Ausgangsverpaarung soll Oliv × Blau sein.

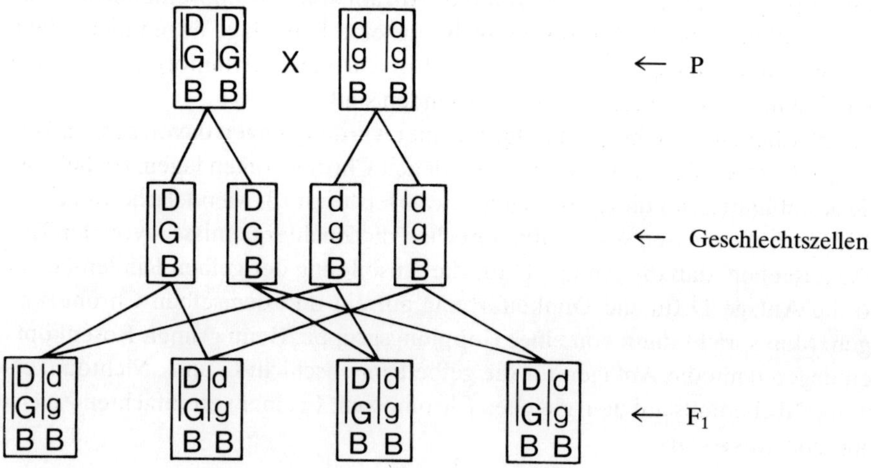

In der F_1-Generation haben alle Jungvögel eine Anlage für gelbe Rindenschicht (G), Anlagen für blaue Strukturfarbe (B) und eine Anlage für Dunkelfärbung (D), sie sind also Dunkelgrün/blau. Als nächsten Schritt wollen wir das Ergebnis einer Kreuzung zwischen Vögeln in Dunkelgrün/blau und Blau betrachten. Erinnern wir uns daran, daß DG und dg eine Kopplungsgruppe bilden.

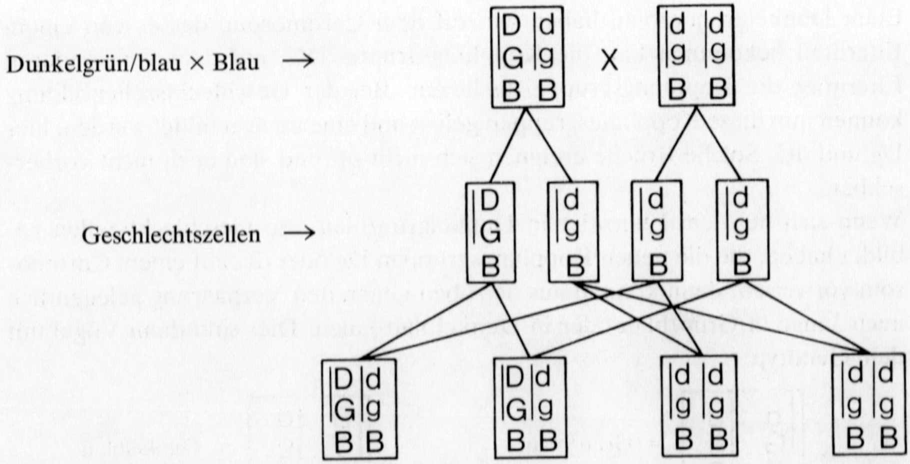

Aus dieser Verpaarung bekommt man also nur Vögel in den Farben Dunkelgrün/blau und Blau, da das Elterntier in Dunkelgrün/blau keine Geschlechtszellen mit den Anlagen DgB oder dGb bilden kann.
In einem geringen Prozentsatz treten aber auch Dunkelblaue oder Grüne auf. Dies ist nur möglich, wenn die Kopplungsgruppe DG aufgebrochen wird. Wir wissen heute, daß sich bei den Reifeteilungen die Paarlinge eines Chromosomenpaares eng umschlingen. In Ausnahmefällen können dabei Stücke der Chromosomenpaare abbrechen und sich kreuzweise wieder vereinigen. Durch eine solche Überkreuzung werden alle Anlagen, die auf den abgetrennten Teilstücken liegen, aus ihrer bisherigen Kopplungsgruppe gelöst und gegeneinander ausgetauscht. Dieser Vorgang wird Crossing-over genannt.
Auch dies läßt sich in einer vereinfachten Zeichnung darstellen, in der darauf verzichtet wird, daß jedes Chromosom aus zwei Chromatiden besteht.

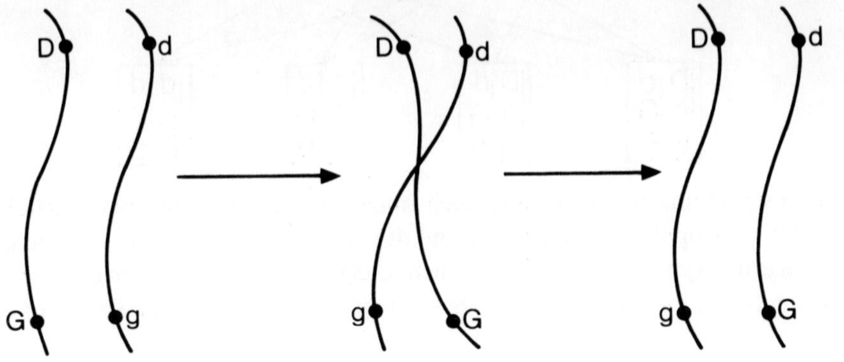

Beim Dunkelgrünen/blau haben wir auf dem Chromosom, das es von einem Elternteil bekommen hat, die Kopplungsgruppe DG, auf dem vom anderen Elterntier die Kopplungsgruppe dg liegen. Bei der Geschlechtszellenbildung können nun diese Kopplungsgruppen gelöst und eine neue gebildet werden, hier Dg und dG. Solche Brüche ereignen sich nicht oft und sind auch nicht vorhersehbar.

Wenn sich bei dem Elterntier in Dunkelgrün/blau also Geschlechtszellen gebildet haben, die die neuen Kopplungsgruppen Dg oder dG auf einem Chromosom vorweisen, dann können aus der oben genannten Verpaarung gelegentlich auch Junge in Grün/blau oder in Dunkelblau fallen. Dies sind dann Vögel mit dem Genotyp:

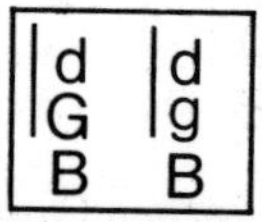

= Grün/blau

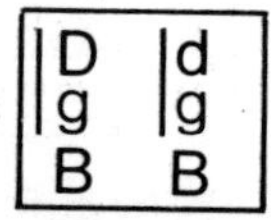

= Dunkelblau

Dunkelgrüne/blau, bei denen der Dunkelfaktor mit G gekoppelt ist, werden bei den Wellensittichen als Dunkelgrün/blau Typ I bezeichnet, da man auch einen Dunkelgrün/blau Typ II bekommen oder herauszüchten kann, indem man einen Vogel in Dunkelblau mit einem Rosenköpfchen in Grün verpaart.

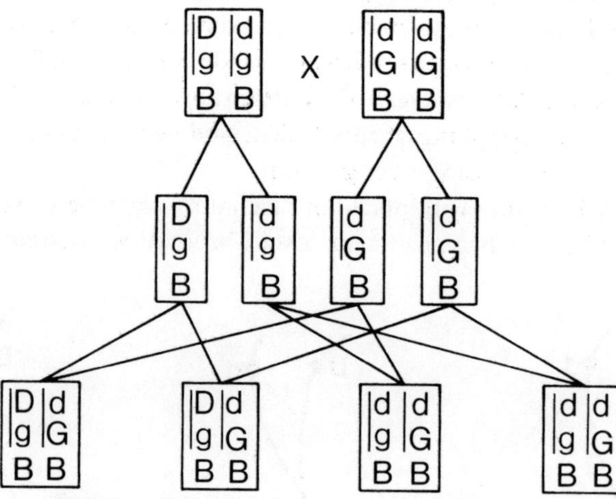

Aus dieser Kreuzung können also auch Jungtiere in Dunkelgrün/blau entstehen, die jetzt die Kopplungsgruppen Dg und dG aufweisen, also anders vererben, als die Vögel des Typs I. Kreuzt man nämlich solche Tiere mit Blauen, so ergeben sich fast nur Dunkelblaue und Grüne, es sei denn, es tritt wieder ein Crossing-over auf.

Dunkelgrüne/blau Typ II können aber z. B. auch aus der Verpaarung Dunkelgrün/blau Typ I × Dunkelgrün/blau Typ I entstehen, wenn sich dort bei einem Vogel ein Kopplungsbruch ereignet hat.
Der Züchter muß also immer daran denken, daß er zwei verschiedene Typen der Dunkelgrünen/blau haben kann, die er aber vom Aussehen her nicht zu unterscheiden vermag. Eine Unterscheidung ist nur anhand der Farben der Nachzucht möglich.
Die Dunkelblauen, von manchem Liebhaber auch im Vergleich zu den Wellensittichen Kobalt genannt, sind dunkler im Gefieder als die wohlbekannten blauen (pastellblauen) Rosenköpfchen. Sie sind aber von diesen am ultramarinblauen Bürzel klar zu unterscheiden. Aus solchen Dunkelblauen lassen sich nun verhältnismäßig einfach auch Mauve ziehen. Man kreuzt zu diesem Zweck zwei Dunkelblaue miteinander:

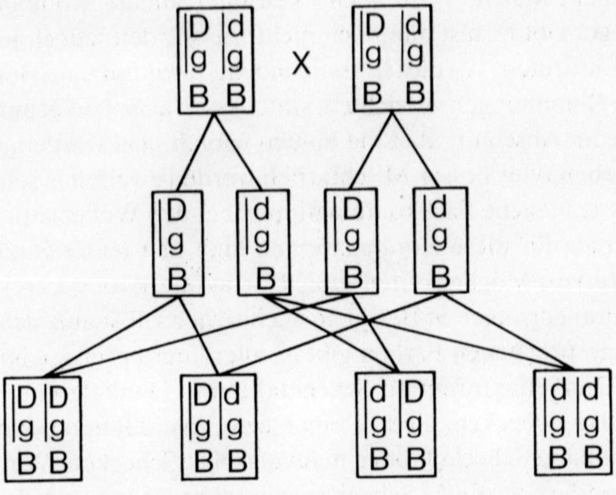

Aus dieser Verpaarung entstehen 25 % Mauve, 50 % Dunkelblaue und 25 % Blaue.
Mauve sind also Blaue (Pastellblaue) mit zwei Dunkelfaktoren, die sich deutlich von anderen Vögeln unterscheiden. Die Farbbeschreibung ist sehr schwierig. Ochs (1980) beschreibt sie als Vögel, die auf der Oberseite bleigrau, auf der Unterseite hellgrau sind, wobei das Grau einen rötlichen Schimmer hat. Andere Züchter beschreiben sie als purpurn, was sicher übertrieben ist. Auch dieser Vogel zeigt, wie die oliven Rosenköpfchen, einen mauvefarbenen Bürzel, die Maske ist leicht rötlich.
Natürlich kann man Mauve auch aus anderen Verpaarungen züchten, was aber oft einem Zufall zu verdanken ist, da an die Anlagekopplung gedacht werden muß.

Bei der Zucht von Rosenköpfchen mit Dunkelfaktoren ist besonders darauf zu achten, daß diese Vögel nicht zu klein werden. Eine Einkreuzung von Grünen oder Blauen empfiehlt sich daher in den meisten Fällen.

Weitere Farbkombinationen mit Dunkelfaktoren. Wenn der Leser nachzählt, so sind in diesem Abschnitt inzwischen 28 verschiedene Mutationen bzw. mögliche Farbkombinationen beschrieben (ohne die eventuell existierenden Gelben australischen Ursprungs, die Falben aus der DDR und ohne die Vögel mit Dunkelfaktoren). Es ist natürlich möglich, all diese Farbschläge auch mit einem oder mit zwei Dunkelfaktoren herauszuzüchten, es ergeben sich dann einschließlich der schon beschriebenen dunkelfaktorigen Vögel 88 mögliche Farbzusammenstellungen. Die Darstellung aller Möglichkeiten würde den Rahmen des Buches sicher sprengen. Man könnte beispielsweise Oliv-Gelbe-Schecken, Dunkelblau-Schecken-Falben, Mauve-Weiße-Schecken oder andere Kombinationen züchten; diese Vögel gibt es fast alle noch nicht, sie werden jedoch in den nächsten Jahren gewiß auftreten. An dieser Stelle möchten wir auf eine Bewertung dieser züchterischen Bemühungen verzichten, statt dessen aber erneut auf die Bedenken verweisen, die im Abschnitt über die Falben vorgebracht wurden. Manche dieser möglichen Farben oder besser Mischfarben werden zweifellos sehr ansprechend sein, ähnlich wie manche Farbkombinationen bei den Wellensittichen.
Auf Erbschemata für diese Kombinationen muß hier leider verzichtet werden, da es hunderte von Möglichkeiten gibt. Der aufmerksame Leser kann sie sich anhand der vorangegangenen Beispiele auch sicher selbst aufzeichnen.
Einige der angesprochenen Farben gibt es allerdings bereits, nämlich die Kombination von Dunkelfaktoren mit Scheckfaktoren. Dunkelgrüne Schecken, und damit auch olive Schecken, sind in einer bzw. zwei Generationen zu züchten, ebenso dunkelblaue Schecken oder mauvefarbige Schecken. Wir sind der Meinung, daß besonders die oliven Schecken sehr ansprechend sind, denn die Kombination von Oliv und Gelb sieht auch für das Auge sehr schön aus, hinzu kommt noch die rote Maske (Bild Seite 38).

Lutinos (Bild Seite 47, 48 und 65)

Lutinos traten 1970 zum ersten Mal bei Mabel Schertzer in San Diego, Kalifornien, auf. Aus unserer Sicht handelt es sich wohl um eine der schönsten Farbmutationen bei den Rosenköpfchen. Die Vögel zeigen eine leuchtende, reingelbe Farbe, die Maske ist kräftig rot, die Beine sind fleischfarben, die Krallen hell. Die Tiere unterscheiden sich von den anderen gelben Mutationen durch ihre roten Augen, die sofort nach dem Schlüpfen klar zu erkennen sind.

Sie unterscheiden sich übrigens auch von allen bisher behandelten Mutationen durch ihre Vererbung, denn sie vererben ihre Farbe geschlechtsgebunden.
Der Leser wird sich daran erinnern, daß sich im Abschnitt über die grünen Rosenköpfchen, der die grundlegenden Zusammenhänge der Farbvererbung darzustellen versuchte, ergab, daß in den Körperzellen eines Vogels die Chromosomen immer doppelt, also in Paaren, vorkommen. Es gibt jedoch eine Ausnahme: die sogenannten Geschlechtschromosomen (Gonosomen oder Heterosomen). Ein Paar dieser Chromosomen besteht beim Männchen der Rosenköpfchen aus zwei gleichen, sogenannten X Chromosomen, beim Weibchen aus einem X und einem Y Chromosom, die sich äußerlich stark voneinander unterscheiden, auch liegen auf den beiden Geschlechtschromosomen des Weibchens andere Anlagen.
Die Vererbung des Geschlechts beim Rosenköpfchen geht so vor sich:

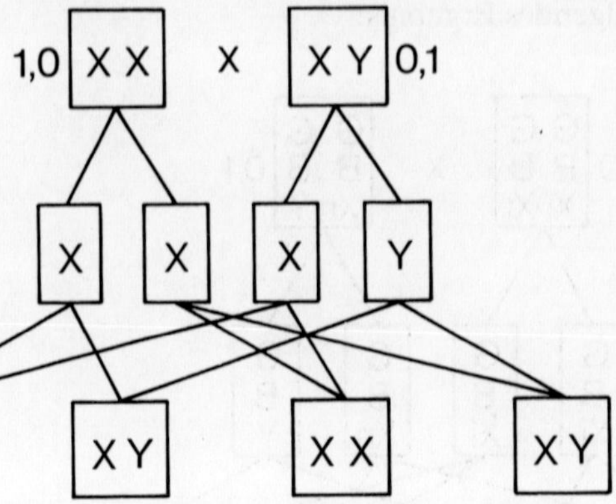

Bei der Geschlechtszellenbildung wird bekanntlich der diploide Chromosomensatz halbiert, die Geschlechtszellen sind dann haploid. So werden aus den Geschlechtsmutterzellen des Männchens nur Samenzellen gebildet, die das Chromosom X (und den übrigen haploiden Chromosomensatz) besitzen. Das Weibchen hat jedoch Geschlechtszellen, die entweder das Chromosom X oder Y enthalten.
Das Zusammentreffen der Geschlechtszellen bei der Befruchtung würde dann je zur Hälfte die Kombination XX (Männchen) oder XY (Weibchen) ergeben. Das Verhältnis von 1 : 1 Männchen zu Weibchen trifft zwar theoretisch auch bei unseren Agaporniden zu, aber in der Praxis haben wir meistens mehr Weibchen. Dies liegt wohl daran, daß die Männchen häufiger im Ei absterben oder als Jungvögel verenden, da sie z. T. empfindlicher sind.

Wie gesagt, auf den X und Y Chromosomen liegen verschiedene Anlagen, die nicht alle bekannt sind. Wir wissen heute aber, daß auf dem X Chromosom der sogenannte „Ino-Faktor“ liegt, der einen totalen Pigment(Melanin)ausfall bewirkt. Aus diesem Grunde bleibt nur die gelbe Rindenschicht erhalten, der Vogel ist gelb. Die rote Augenfärbung kommt dadurch zustande, daß auch hier alle Pigmente fehlen und das Blut des Auges durchschimmert. Die roten Augen sind aber beim erwachsenen Lutino nicht mehr so leuchtend wie beim Falben.
Wir wollen, um den Erbgang genauer untersuchen zu können, wieder Symbole einführen. Das X Chromosom, welches eine Anlage für den Ino-Faktor hat, bezeichnen wir als Xi, das Chromosom, das diese Anlage nicht hat, als Xn (= normal), es hat die Anlage für „Nicht-Ino“. Weiter müssen wir wissen, daß eine Anlage für „Nicht-Ino“ (Xn) immer dominant ist zu Xi.
Ein Lutinohahn muß also zwei Anlagen für „Ino“ haben. Sein Genotyp ist also: GGBB Xi Xi. Kreuzt man einen solchen Hahn mit einem grünen Weibchen, so erhält man folgendes Ergebnis:

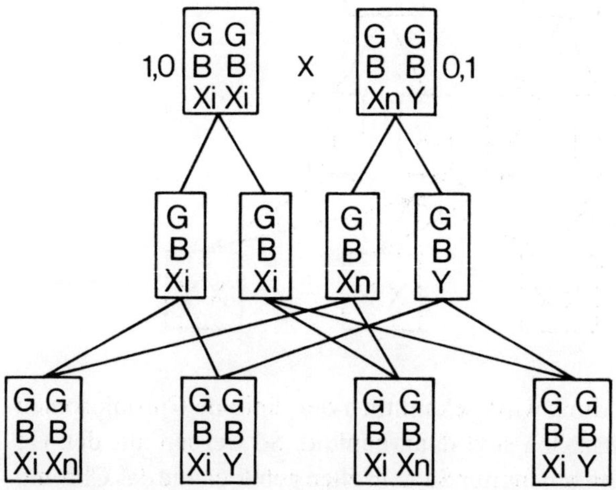

1,0 Lutino × 0,1 Grün

Geschlechtszellen

F_1

Das 1,0 kann nur Geschlechtszellen mit Xi, das 0,1 aber 50 % mit Y und 50 % mit Xn bilden. Alle Hähne, die aus dieser Verpaarung fallen, haben folglich Xi Xn. Da sich Xi zu Xn rezessiv verhält, ist jeder junge Hahn Grün/lutino. Die jungen Weibchen aus dieser Verpaarung sind hingegen alle Lutinos, da sie Xi vom Vater geerbt haben, und da auf dem Chromosom Y keine entsprechende Anlage liegt.
Aus diesem Resultat läßt sich eine wesentliche Aussage über die geschlechtsgebundene Vererbung bei den Rosenköpfchen ableiten: es gibt keine spalterbigen Hennen in Lutino! Hähne hingegen können spalterbig sein.

Diese Verpaarung hat einen sehr großen Vorteil, man kann nämlich schon im Nest sofort nach dem Schlüpfen die Geschlechter der Jungen unterscheiden. Alle Grünen sind Hähne und sicher spalt in Lutino, alle Lutinos sind Hennen. Leider sind die Lutinohähne noch sehr selten (und auch teuer), so daß die meisten Züchter mit 1,0 Grün/lutino anfangen müssen.
Die Paarungsergebnisse lassen sich leicht errechnen, wenn man unser bisheriges Schema verwendet. So genügt es auch, die Ergebnisse kurz aufzulisten:

1,0 Lutino × 0,1 Grün	=	50 % 1,0 Grün/lutino
		50 % 0,1 Lutino
1,0 Grün × 0,1 Lutino	=	50 % 1,0 Grün/lutino
		50 % 0,1 Grün
1,0 Grün/lutino × 0,1 Lutino	=	25 % 1,0 Lutino
		25 % 1,0 Grün/lutino
		25 % 0,1 Lutino
		25 % 0,1 Grün
1,0 Grün/lutino × 0,1 Grün	=	25 % 1,0 Grün/lutino
		25 % 1,0 Grün
		25 % 0,1 Lutino
		25 % 0,1 Grün
1,0 Lutino × 0,1 Lutino	=	100 % Lutino (1,0 und 0,1)

Albinos [Creme-Albinos] (Bild Seite 65)

Es lag nahe, die Lutinos in die Blauen (Pastellblauen) einzukreuzen, um eine neue Farbkombination zu erhalten, die allgemein als Albino bezeichnet wird. Der „Ino-Faktor“ läßt, wie oben schon erwähnt, alle Pigmente ausfallen, so daß die Strukturfarbe Blau vollkommen verschwindet. Die so entstehenden Vögel müßten also weiß sein und rote Augen aufweisen. Dies ist aber nicht der Fall, weil die blauen Vögel eben nicht blau, sondern pastellblau sind. Das restliche Gelb (s. Abschnitt „Blaugelbgescheckte Rosenköpfchen“) geht nicht verloren. Aus diesem Grunde sehen die Albinos, wie wir sie heute haben, creme-farben aus, das heißt, sie sind gelblich überhaucht. Die Maske ist rosa, die Füße und die Krallen hell. Einige Autoren bezeichnen sie als „Gelbgesichtsalbinos“. Wir halten diese Bezeichnung für sehr verwirrend, da von einem gelben Gesicht wirklich nicht gesprochen werden kann (s. Abschnitt „Blaugelbgescheckte Rosenköpfchen“); der Name Creme-Albinos wäre sicher angebrachter.
Wenn man Lutinos zur Verfügung hat, kann man sehr schnell Albinos selbst züchten.

Aus der Verpaarung 1,0 Lutino × 0,1 Blau erhält man folgendes Ergebnis:

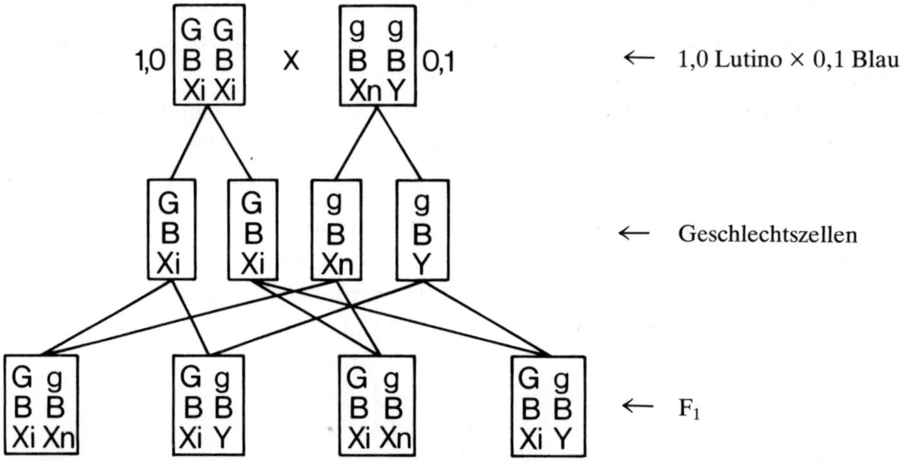

Alle jungen Hähne sind Grün/blau + lutino + albino, alle Hennen Lutino/blau + albino. Die Spalterbigkeit in Albino ergibt sich aus der Tatsache, daß Albinos Rosenköpfchen sind, die den gleichen Genotyp wie die Blauen besitzen, aber dazu den Ino-Faktor ererbt haben. Wenn man solche Jungvögel hat, kann man verschiedene Wege beschreiten, um Albinos zu züchten, hier ist einer davon:

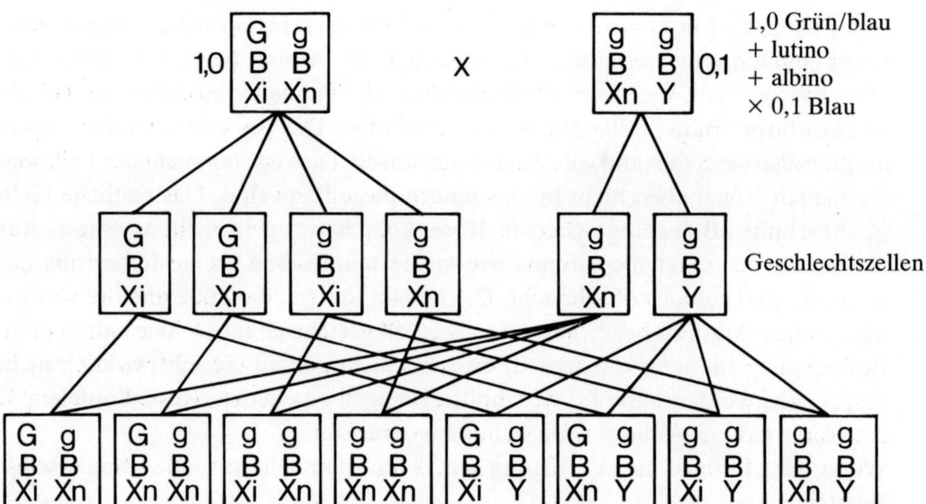

Aus dieser Verpaarung fallen also auch Vögel mit dem Genotyp ggBB Xi Y, dies sind dann Albino-Hennen.
Die weiteren Paarungsergebnisse entsprechen denen, die bei der Vererbung der Blauen und der Lutinos angegeben sind.

Weitere Farbkombinationen mit Ino-Faktoren

Da sowohl die Lutinos Grüne mit Ino-Faktor wie auch die Albinos Blaue mit dieser Anlage sind, versteht man sehr leicht, daß der Ino-Faktor auch auf alle anderen Mutationen und Farbkombinationen übertragen werden kann. Ob sich dies lohnt, möchten wir sehr in Frage stellen. Der Ino-Faktor ist dafür verantwortlich, daß die gesamte Strukturfarbe Blau verschwindet. Daher lassen sich wohl nur wenige Kombinationen züchten, bei denen die eingekreuzte Farbe noch zu erkennen ist, wenn sich auch, außer den hier genannten Lutinos und Albinos, noch einmal 86 Kombinationen – von den bis jetzt beschriebenen Farben – mit dem Inofaktor denken lassen.
Eine Reihe von Züchtern hat Dunkelfaktoren eingekreuzt, die die Farbe bei den Lutinos etwas kräftiger erscheinen lassen sollen. Dies ist meistens aber fast nur dann zu erkennen, wenn Lutinos ohne Dunkelfaktoren neben den Vögeln mit Dunkelfaktoren sitzen. Viele Liebhaber glaubten oder glauben noch, daß Albinos mit Dunkelfaktoren wirklich weiß würden. Dies ist mit Sicherheit ein Trugschluß, denn auf das restliche Gelb in den Federn der Albinos haben die Dunkelfaktoren keinen Einfluß.
Durch Einkreuzen des Scheckfaktors erhält man manchmal Tiere, deren rote Maske kleiner ist (s. Vererbung bei Schecken).

Rosenköpfchen in Grün-Zimt (Bild Seite 65)

Zimter sind eine verhältnismäßig neue Mutation, die aus den USA stammt und in der Bundesrepublik Deutschland viele Züchter begeistert.
Der Name leitet sich von den zimtbraunen Schwingen dieses Vogels ab. Seine grünen Federteile sind stark aufgehellt, die Beine fleischfarben, die Krallen hell. Im Nest kann man sie an den weinrot durchschimmernden Augen gut erkennen. Diese rote Augenfärbung ist aber bei älteren Vögeln nicht mehr wahrzunehmen.
Die einzelnen Federn des Zimters sind in ihrer Struktur viel feiner als die der grünen Vögel. Im ganzen gesehen ist das Federkleid jedoch sehr dicht. Bei den Zimtern, so vermuten wir, handelt es sich um eine Mutation, bei der die schwarzen Melanine nicht gebildet werden, dafür aber braune.

Zimter vererben geschlechtsgebunden, das heißt, die Anlage liegt wieder auf einem X Chromosom. Die Vererbung ist also die gleiche, wie wir sie bei den Lutinos beschrieben haben. Aus diesem Grunde läßt sich auf ein neues Erbschema verzichten, denn man muß nur Xz für Xi einsetzen, darf natürlich aber nicht Xn (Anlage für „Nichtzimt" bzw. für „Nicht-Ino") vergessen.
Auch bei den Zimtern kann es also nur 1,0 Zimt, 0,1 Grün/zimt oder 0,1 Zimt geben; spalterbige Weibchen gibt es nicht!

1,0 Grün-Zimt × 0,1 Grün	=	
		50% 1,0 Grün/zimt
		50% 0,1 Zimt
1,0 Grün × 0,1 Grün-Zimt	=	50% 1,0 Grün/zimt
		50% 0,1 Grün
1,0 Grün/zimt × 0,1 Grün-Zimt	=	25% 1,0 Grün-Zimt
		25% 1,0 Grün/zimt
		25% 0,1 Grün-Zimt
		25% 0,1 Grün
1,0 Grün/zimt × 0,1 Grün	=	25% 1,0 Grün/zimt
		25% 1,0 Grün
		25% 0,1 Grün-Zimt
		25% 0,1 Grün
1,0 Grün-Zimt × 0,1 Grün-Zimt	=	100% Zimt (1,0 und 0,1)

Rosenköpfchen in Blau-Zimt [Pastellblau-Zimt] (Bild Seite 48)

Diese Farbkombination ist bereits vorhanden. Blaue Zimter sind sehr stark aufgehellt, zeigen bräunliche Schwingen und haben auch als Jungvögel weinrote Augen. Die Maske ist rosa. Das Herauszüchten von blauen Zimtern ist nicht schwierig, man kreuzt Blaue in die grünen Zimter ein. In der zweiten Generation erhält man bereits die z. Z. noch sehr gesuchten blauen Zimter.
Als Beispiel die Kreuzung zwischen 1,0 Grün-Zimt × 0,1 Blau, siehe Schema auf Seite 141.
Aus dieser Verpaarung können nur 1,0 in Grün/blau + zimt und 0,1 in Grün-Zimt/blau entstehen.
Kreuzt man ein solches Männchen in Grün/blau + zimt mit einem blauen Weibchen, so ergibt sich nebenstehendes Bild:

Von den Jungen sind 12,5% 1,0 Grün/blau + zimt
12,5% 1,0 Grün/blau
12,5% 1,0 Blau/zimt

12,5 % 1,0 Blau
12,5 % 0,1 Grün-Zimt/blau
12,5 % 0,1 Grün/blau
12,5 % 0,1 Blau-Zimt
12,5 % 0,1 Blau

Weitere Ergebnisse kann man mit Hilfe der Symbole schnell ausrechnen.

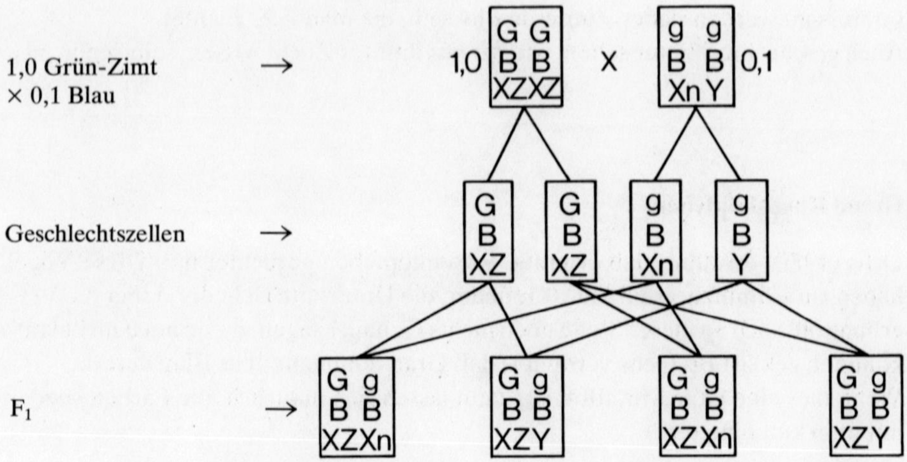

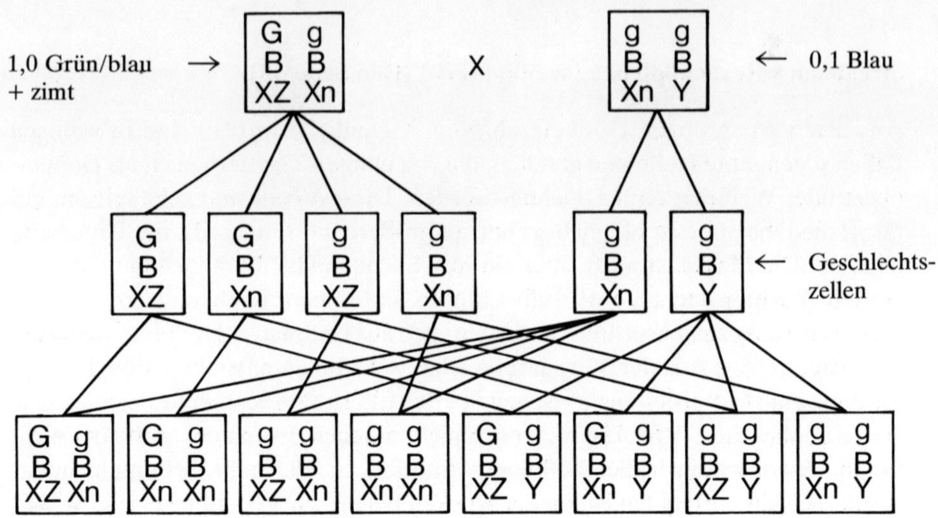

Weitere Farbkombinationen mit Zimt-Faktoren

Bis jetzt ergaben sich 176 Farbkombinationen, die züchterisch möglich sind. In alle Farben kann man natürlich auch noch den Zimtfaktor einkreuzen, also bereits 352 Farbenspielarten herauszüchten. Vielen Züchtern wird dies sicher nicht behagen, aber ist diese Entwicklung aufzuhalten? Dem Anfänger in der Zucht von Rosenköpfchen sei aber gesagt, daß gewiß viele dieser möglichen Farbkombinationen entstehen, aber auch sicher wieder verschwinden werden, da sie farblich nicht ansprechen.
Interessant werden sicher Zimter in oliv sein, die man z. Z. züchtet.
Auch gescheckte Zimter sehen, wie wir aus unserer Zucht wissen, sehr schön aus.

Graue Rosenköpfchen

Ochs (1980) erwähnt, daß er graue Rosenköpfchen gezüchtet hat. Diese Vögel haben ein schmutzig graublaues Gefieder, die Unterseite ist heller. Über die Vererbung läßt sich an dieser Stelle noch nichts Genaues sagen, da sie noch nicht vollkommen geklärt ist. Ochs vermutet, daß Grau dominant über Blau vererbt.
Wenn dies eine neue Mutation ist, dann lassen sich natürlich alle Farben wieder mit grau kombinieren.

„Hellblaue" Rosenköpfchen [Weißmasken] (Bild Seite 48)

Aus den Verpaarungen Dunkelgrün/blau × Dunkelgrün/blau sind in wenigen Fällen sogenannte Hellblaue gefallen, die von einigen Züchtern auch als Doppelblaue oder Weißmasken bezeichnet werden. Diese Vögel sind sehr seltsam gefärbt: die Oberseite ist bläulich-grün (mit größerem Grünanteil), die Unterseite hellblau. Die Maske ist weiß, aber ein rosa Stirnband bleibt manchmal erhalten. Andere Züchter und auch wir selbst führen im Moment Kreuzungen durch, um diesen Erbgang zu überprüfen. Fest steht, daß aus Hellblau × Hellblau wiederum Hellblaue fallen. Aus der Verpaarung Blau × Hellblau entstehen Vögel, deren Färbung eine Mittelstellung zwischen der der Elterntiere einnimmt. Eine genaue Aussage über diese Vögel ist z. Z. noch nicht möglich. Es handelt sich aber nicht um die erwünschte wirklich hellblaue Mutation, bei der kein Gelb mehr in der Rindenschicht vorhanden ist, da der Rücken bei diesen Vögeln fast grün ist.

Graufügel-Rosenköpfchen

Diese Mutation wird in manchen Berichten aufgeführt, es ist uns auch mündlich davon berichtet worden. Gesehen haben wir sie noch nicht, und über die Vererbung ist uns nichts bekannt.

Schecken mit roten Augen

Aus den Verpaarungen von Lutinos mit Grün-gelben Schecken sind in wenigen Fällen auch Schecken mit roten Augen gefallen. Ob es sich um partiellen Albinismus als neue Mutation handelt, wie Ochs (1980) schreibt, können wir nicht beurteilen. Es wäre auch denkbar, daß die Anlage für Scheckung (auch dies ist ja eigentlich eine Anlage für partiellen Albinismus, d. h. Pigmentausfall) in einigen Fällen auf die Augen übergegriffen hat. Wir glauben hier nicht an eine neue Mutation.

Rote, Rotgescheckte oder Rotgesäumte Rosenköpfchen (Bild Seite 66)

Gelegentlich hört man, daß Rosenköpfchen existieren, die an einigen oder fast allen Körperfedern einen roten Saum aufweisen. Diese werden als Rote, Rotgescheckte oder Rotgesäumte Rosenköpfchen bezeichnet und manchmal in Fachzeitschriften zum Kauf angeboten. Einige Züchter glaubten, dafür astronomische Summen verlangen zu müssen. Wir sind fest der Meinung, daß es sich hier nicht um eine Mutation, sondern um eine Modifikation handelt (Modifikationen sind auf bestimmte Einflüsse der Umwelt zurückzuführende Abwandlungen, die nicht erblich sind).
Aus diesem Grunde führten wir einen kleinen Versuch durch. Zwei Tiere, die nicht zur Zucht zu verwenden waren, wurden von uns einige Zeit nur mit einfachem Kanarienfutter gefüttert, sie bekamen keine Zusätze an Vitaminen, Mineralstoffen, Grünfutter usw. Außerdem waren sie in einem künstlich beleuchteten Raum untergebracht. Die Vögel zeigten nach der nächsten Mauser ein über und über rotgesäumtes Federkleid (Brockmann, 1978 und 1979). Die beiden Vögel wurden dann in eine Freivoliere umgesetzt und erhielten nun Futter, das, so glauben wir, allen Anforderungen entsprach. Nach der nächsten Mauser waren beide Vögel wieder grün. (Nach der Veröffentlichung des Versuchsergebnisses wurde dieses Vorgehen von einigen Leuten als Tierquälerei bezeichnet. Wir möchten darauf nicht weiter eingehen, da wir der Meinung sind, daß solche Vogelhaltung, zumindest für unsere Stubenvögel, in vielen Millionen Haushaltungen die Regel ist.) Dieser Versuch zeigt sehr deutlich, daß es sich

bei der roten Säumung um eine Modifikation handeln muß. Eine solche Rotsäumung kann übrigens bei allen Vogelarten mit gelber Färbung der Rindenschicht auftreten. Die Ursachen dafür können wir nicht nennen, dazu bedürfte es vieler Versuche. Sicher hängt diese Erscheinung aber in irgendeiner Weise mit der Ernährung zusammen. Dabei spielt gewiß nicht nur die Zusammenstellung des Futters durch den Züchter eine Rolle, sondern manchmal auch die Aufnahme des Futters durch den Vogel, der bekanntlich nicht immer alles frißt, was ihm vorgesetzt wird. Durch falsche Ernährung des Vogels oder durch nicht vollkommene Aufnahme der Futterstoffe durch den Vogel könnten Veränderungen im Aufbau der Feder erfolgen, so daß die Carotinoide nicht mehr von der Hornsubstanz eingesaugt, sondern Hornstoffe als Körnchen oder Klumpen eingelagert werden, die dann rote Carotinoide enthalten.
Diese Erscheinung ist uns schon in vielen Zuchtanlagen und bei den verschiedensten Sittich- und Papageienarten aufgefallen. Als Beispiele seien genannt: Rosenköpfchen in Grün, Grüngelbe Schecken, Lutinos, Singsittiche, Ziegensittiche, ja selbst einen jungen Schwalbensittich haben wir gesehen, der über und über rot war, aber bereits als Jungvogel starb.
Auch bei blauen Rosenköpfchen kann man solche Störungen im Wachstum der Federn beobachten, nur ist dort die Schuppung nicht rot, sondern man sieht helle, fast durchsichtige Streifen.
Zu den Modifikationen gehört unserer Meinung nach auch der sogenannte „Pink Suffused Golden Cherry“, ein Rosenköpfchen, das ein gelber Vogel sein soll, der rosa überhaucht ist. Nach brieflicher Auskunft von Dr. Erhart (USA) soll diese Farbvariante in den USA sehr beliebt, aber züchterisch nicht zu festigen sein.

Halbseiter-Rosenköpfchen

Analog zu den Wellensittichen sind auch bei den Rosenköpfchen bereits in wenigen Fällen Halbseiter aufgetreten. Diese Vögel zeigen eine Farbteilung quer zur Körperlängsachse (z. B. blau und grün). Auch asymmetrische Farbteilungen können auftreten. So sahen wir bei Haverkotte, Ahaus, einen Vogel, der auf einer Seite grün-gelb gescheckt war, auf der anderen Seite aber große Partien blau und oliv aufwies.
Halbseiter sind keine vererbbare Mutation! Halbseiter-Weibchen vererben wohl nur eine Farbe weiter, wenn sie überhaupt fruchtbar sind. Halbseiter-Männchen können eventuell sogar beide Farben unabhängig voneinander vererben.
Unseres Wissens sind bei Rosenköpfchen aber noch keine Nachkommen von Halbseitern gezogen worden.

Zukunftsperspektiven

Wir haben versucht, die stürmische Entwicklung bei der Farbzucht der Rosenköpfchen in den letzten Jahren aufzuzeigen und in den einzelnen Abschnitten mögliche Tendenzen darzustellen. Wir sind uns vollkommen darüber im klaren, daß diese Entwicklung auch in den nächsten Jahren weitergehen wird. Damit ist nicht gemeint, daß nur neue Farbkombinationen herausgezüchtet werden können, sondern daß auch noch viele neue Mutationen zu erwarten sind.
Der größte Wunsch derjenigen, die die Farbzucht ernsthaft betreiben, ist es, daß es zu einer echten blauen Mutation kommt (mit farbloser Rindenschicht). Man könnte dann reinweiße Tiere und echte Albinos züchten, von anderen Möglichkeiten ganz zu schweigen.
Genauso wichtig ist es aber, wie schon gesagt, daß man den verschiedenen Mutationen oder Farbkombinationen eine treffende und allgemein anerkannte Bezeichnung gibt. Hier zeigt sich auf alle Fälle noch ein großes Betätigungsfeld für die Verbände der Vogelzüchter, die dies Problem endlich anfassen sollten, damit Bezeichnungen, wie wir sie aus einer Verkaufsanzeige abschließend noch zitieren möchten, endgültig verschwinden: „Apfelgrün/Himmelblau-Grünflügel (weiße Maske), Meergrün, Weißblaue-Cremeflügel-Cherry, Apfelgelbe-Cherry, Dunkelgrün/Meergrün Typ I, Grün/Himmelblaue-Grünflügel, Dunkel Meergrün, Purpurn“!

Unzertrennliche mit weißen Augenringen *(A. personata)*

Schwarzköpfchen *(A. p. personata)*

Grüne Schwarzköpfchen. Das wildfarbene Schwarzköpfchen wurde schon zu Anfang des Buches beschrieben. Die Grundfarbe Grün ist auch bei diesem Vogel wie bei den grünen Rosenköpfchen zusammengesetzt.

Blaue Schwarzköpfchen. Das erste bekannt gewordene blaue Schwarzköpfchen ist 1927 von dem Tierhändler Chapman in Tanganyika (heute Tansania) gefangen und von dort nach London gebracht worden. Dies zeigt deutlich, daß auch in freier Wildbahn Farbmutationen entstehen können. Blaue Schwarzköpfchen sind wirklich blau, im Gegensatz zu den pastellblauen Rosenköpfchen. Bei ihnen ist die gesamte gelbe Färbung der Rindenschicht verschwunden, nur die Strukturfarbe Blau ist erhalten geblieben.

Die Vögel haben eine weiße Brust, der Schnabel ist rosa, die Füße sind grau. Die Gefiederpartien, die beim wildfarbenen Vogel grün sind, sind bei dieser Mutation blau. Auch diese blaue Färbung wird so vererbt, wie bei den blauen Rosenköpfchen beschrieben (Bild Seite 84).
Blaue Vögel sind leider in vielen Fällen sehr klein (bedingt durch Inzucht), so daß ein Einkreuzen von großen, grünen Vögeln sehr zu empfehlen ist.

Gelbe Schwarzköpfchen. Die gelbe Mutation des Schwarzköpfchens soll in Japan entstanden sein, Zeitpunkt und Ort sind uns leider nicht bekannt.
Gelbe Schwarzköpfchen sind im eigentlichen Sinne nicht gelb, sondern zeigen ein stark aufgehelltes Grün im Gefieder. Die Schwingen sind weißlich, der Kopf schimmert mehr ins Bräunliche, der Schnabel ist rot.
Diese Färbung zeigt, daß bei den gelben Vögeln nicht die gesamte Pigmentierung verlorenging, sondern, daß noch ein erheblicher Rest von Melaninen vorhanden ist (Bild Seite 66).
Die Vererbung entspricht der der gelben Rosenköpfchen (s. dort).
In Dänemark sollen reingelbe Schwarzköpfchen mit rotem Kopf und schwarzen Augen herausgezüchtet worden sein. Näheres ist uns darüber leider z. Z. nicht bekannt.

Weiße Schwarzköpfchen. Bei diesen Tieren sind eigentlich nur Brust und Halsband weiß, das übrige Gefieder zeigt ein schmutziges, verwaschenes Graublau.
Dies läßt sich leicht erklären, da die weißen Schwarzköpfchen eine Kombination der gelben und blauen Tiere darstellen. Da beim blauen Schwarzköpfchen die gelbe Rindenschicht vollkommen verschwunden ist, erscheint sie auch beim weißen nicht mehr. Dafür sind aber die Melanine, die der gelbe Vogel noch hat, hier deutlich zu sehen (Bild Seite 66).
Weiße Schwarzköpfchen kann man, wie gesagt, aus blauen und gelben in zwei Generationen herauszüchten. Der Weg wurde im Abschnitt über weiße Rosenköpfchen aufgezeigt.
Schneeweiße Schwarzköpfchen mit schwarzen Augen sollen in Dänemark gefallen sein.

Die Vererbung bei den grünen, blauen, gelben und weißen Schwarzköpfchen.
Die Grundlage der Vererbung bei den Schwarzköpfchen ist die gleiche wie bei den Rosenköpfchen. Daher kann auf ausführliche Erbschemata verzichtet werden.
Es sei aber noch einmal daran erinnert, daß bei den Schwarzköpfchen folgende Genotypen vorkommen können:

G = Anlage für gelbe Rindenschicht
g = Anlage für fehlendes Gelb in der Rindenschicht
B = Anlage für Strukturfarbe Blau
b = Anlage für fehlende Strukturfarbe Blau (beim Schwarzköpfchen nicht vollkommen)

GGBB = Grün
GgBB = Grün/blau
GGBb = Grün/gelb
GgBb = Grün/blau, gelb und weiß (im weiteren Verlauf kurz als Grün/weiß bezeichnet)
ggBB = Blau
ggBb = Blau/weiß
GGbb = Gelb
Ggbb = Gelb/weiß
ggbb = Weiß

Es gibt also keine Vögel, die Blau/gelb oder Gelb/blau sind, wie man leider so oft in Verkaufsanzeigen lesen kann.
Sehr leicht läßt es sich ausrechnen, daß man, wenn neun verschiedene Genotypen vorhanden sind, 45 Kreuzungsmöglichkeiten hat. Die Kreuzungen und ihre Ergebnisse sind hier zusammengestellt:

1.	Grün × Grün	=	100 % Grün
2.	Grün × Grün/blau	=	50 % Grün, 50 % Grün/blau
3.	Grün × Grün/gelb	=	50 % Grün, 50 % Grün/gelb
4.	Grün × Grün/weiß	=	25 % Grün, 25 % Grün/blau, 25 % Grün/gelb, 25 % Grün/weiß
5.	Grün × Blau	=	100 % Grün/blau
6.	Grün × Blau/weiß	=	50 % Grün/blau, 50 % Grün/weiß
7.	Grün × Gelb	=	100 % Grün/gelb
8.	Grün × Gelb/weiß	=	50 % Grün/gelb, 50 % Grün/weiß
9.	Grün × Weiß	=	100 % Grün/weiß
10.	Grün/blau × Grün/blau	=	25 % Grün, 50 % Grün/blau, 25 % Blau
11.	Grün/blau × Grün/gelb	=	25 % Grün, 25 % Grün/blau, 25 % Grün/gelb, 25 % Grün/weiß
12.	Grün/blau × Grün/weiß	=	12,5 % Grün, 25 % Grün/blau, 12,5 % Grün/gelb, 25 % Grün/weiß, 12,5 % Blau, 12,5 % Blau/weiß
13.	Grün/blau × Blau	=	50 % Grün/blau, 50 % Blau

14. Grün/blau × Blau/weiß	=	25 % Grün/blau, 25 % Grün/weiß, 25 % Blau, 25 % Blau/weiß
15. Grün/blau × Gelb	=	50 % Grün/gelb, 50 % Grün/weiß
16. Grün/blau × Gelb/weiß	=	25 % Grün/gelb, 50 % Grün/weiß, 25 % Blau/weiß
17. Grün/blau × Weiß	=	50 % Grün/weiß, 50 % Blau/weiß
18. Grün/gelb × Grün/gelb	=	25 % Grün, 50 % Grün/gelb, 25 % Gelb
19. Grün/gelb × Grün/weiß	=	12,5 % Grün, 12,5 % Grün/blau, 25 % Grün/gelb, 25 % Grün/weiß, 12,5 % Gelb, 12,5 % Gelb/weiß
20. Grün/gelb × Blau	=	50 % Grün/blau, 50 % Grün/weiß
21. Grün/gelb × Blau/weiß	=	25 % Grün/blau, 50 % Grün/weiß, 25 % Gelb/weiß
22. Grün/gelb × Gelb	=	50 % Grün/gelb, 50 % Gelb
23. Grün/gelb × Gelb/weiß	=	25 % Grün/gelb, 25 % Grün/weiß, 25 % Gelb, 25 % Gelb/weiß
24. Grün/gelb × Weiß	=	50 % Grün/weiß, 50 % Gelb/weiß
25. Grün/weiß × Grün/weiß	=	6,25 % Grün, 12,5 % Grün/blau, 12,5 % Grün/gelb, 25 % Grün/weiß, 6,25 % Blau, 12,5 % Blau/weiß, 6,25 % Gelb, 12,5 % Gelb/weiß, 6,25 % Weiß
26. Grün/weiß × Blau	=	25 % Grün/blau, 25 % Grün/weiß, 25 % Blau, 25 % Blau/weiß
27. Grün/weiß × Blau/weiß	=	12,5 % Grün/blau, 25 % Grün/weiß, 12,5 % Blau, 25 % Blau/weiß, 12,5 % Gelb/weiß, 12,5 % Weiß
28. Grün/weiß × Gelb	=	25 % Grün/gelb, 25 % Grün/weiß, 25 % Gelb, 25 % Gelb/weiß
29. Grün/weiß × Gelb/weiß	=	12,5 % Grün/gelb, 25 % Grün/weiß, 12,5 % Blau/weiß, 12,5 % Gelb, 25 % Gelb/weiß, 12,5 % Weiß
30. Grün/weiß × Weiß	=	25 % Grün/weiß, 25 % Blau/weiß, 25 % Gelb/weiß, 25 % Weiß
31. Blau × Blau	=	100 % Blau
32. Blau × Blau/weiß	=	50 % Blau, 50 % Blau/weiß
33. Blau × Gelb	=	100 % Grün/weiß
34. Blau × Gelb/weiß	=	50 % Grün/weiß, 50 % Blau/weiß
35. Blau × Weiß	=	100 % Blau/weiß

36. Blau/weiß × Blau/weiß	=	25% Blau, 50% Blau/weiß, 25% Weiß
37. Blau/weiß × Gelb	=	50% Grün/weiß, 50% Gelb/weiß
38. Blau/weiß × Gelb/weiß	=	25% Grün/weiß, 25% Blau/weiß, 25% Gelb/weiß, 25% Weiß
39. Blau/weiß × Weiß	=	50% Blau/weiß, 50% Weiß
40. Gelb × Gelb	=	100% Gelb
41. Gelb × Gelb/weiß	=	50% Gelb, 50% Gelb/weiß
42. Gelb × Weiß	=	100% Gelb/weiß
43. Gelb/weiß × Gelb/weiß	=	25% Gelb, 50% Gelb/weiß, 25% Weiß
44. Gelb/weiß × Weiß	=	50% Gelb/weiß, 50% Weiß
45. Weiß × Weiß	=	100% Weiß

Der Züchter kann sich aus diesen Möglichkeiten diejenigen aussuchen, die ihm am geeignetsten erscheinen. Dabei sind viele Verpaarungen, die sicher sehr unvorteilhaft sind, da man z. B. die vier Genotypen der möglichen grünen Vögel nicht unterscheiden kann. Sehr interessant sind aber solche Kreuzungen, wie z.B. Nr. 30 oder Nr. 38, da man dann bei allen Jungvögeln auch sofort den Genotyp (der Züchter sagt: die Spalterbigkeit) feststellen kann.

Grüngelbgescheckte Schwarzköpfchen. Gelegentlich hört man, daß es grüngelbgescheckte Schwarzköpfchen geben soll. Wir haben bis heute aber nur Vögel gesehen, bei denen einige Schwungfedern gelb waren. Ob es sich bei diesen Tieren um eine wirkliche Mutation handelt, wagen wir zu bezweifeln. Wir glauben, daß dies z. T. auf Wachstumsstörungen der Federn beruht, also eine Modifikation ist.

Wirkliche Schecken, von denen uns z. B. niederländische Zuchtfreunde berichteten, zeigen über die grünen Federpartien verteilte gelbe Flecken. Die Anlage für Scheckung soll dominant vererbt werden.

Blauweißgescheckte Schwarzköpfchen. Für diese Vögel gilt das gleiche, wie oben gesagt. Besitzt man dominant vererbende grüngelbgescheckte Schwarzköpfchen, so kann man natürlich blaue Tiere einkreuzen und erhält dann in zwei Generationen blauweißgescheckte Schwarzköpfchen (s. Schecken bei Rosenköpfchen). Auch eine Einkreuzung von gelben und weißen Schwarzköpfchen ist denkbar.

Zimtfarbene Schwarzköpfchen. In Japan sollen vor einigen Jahren zimtfarbige Schwarzköpfchen gezogen worden sein, die auch in wenigen Exemplaren nach

Europa gekommen sein sollen. Es ist uns nicht bekannt, ob es solche Vögel überhaupt noch gibt. Die Vererbung soll geschlechtsgebunden sein (s. Zimter bei Rosenköpfchen).
Aus der Kreuzung mit blauen Schwarzköpfchen haben auch eventuell blaue Zimter, von anderen Züchtern Graue (Hayward 1979) genannt, existiert. Auch über diese Vögel konnten wir nichts Genaueres erfahren.

Grauflügel-Schwarzköpfchen. De Grahl (1973/74) berichtet über die Entstehung einer Grauflügelmutation, über die wir aber auch nichts Näheres in Erfahrung bringen konnten.

Lutino- und Albino-Schwarzköpfchen. Bei diesen Vögeln handelt es sich um Bastarde aus *A. p. lilianae, A. p. fischeri* und *A. p. personata.* Sie sollen im Kapitel „Erdbeerköpfchen" behandelt werden, da dies die Ausgangsvögel waren.

Olive Schwarzköpfchen. In Südamerika sollen die ersten oliven Schwarzköpfchen entstanden sein (Vererbung s. Dunkelfaktorige Rosenköpfchen). Sollte sich diese Mutation festigen, so sind natürlich auch *Dunkelgrüne, Kobalt* und *Mauve Schwarzköpfchen* in absehbarer Zeit zu erwarten.

Blaue Schwarzköpfchen mit rotem Schnabel. Auch von dieser Mutation wird gelegentlich berichtet, wir selbst haben sie noch nicht gesehen. Über die Vererbung ist uns nichts bekannt. Durch Einkreuzung von weißen Schwarzköpfchen könnte man aber sicher in der F_2-Generation auch *Weiße Schwarzköpfchen mit rotem Schnabel* herauszüchten.

Pfirsichköpfchen *(A. p. fischeri)*

Grüne Pfirsichköpfchen. Auch die Farbe der grünen Pfirsichköpfchen wurde bereits zuvor beschrieben. Die Grundfarbe setzt sich genauso zusammen wie die der Rosenköpfchen.

Gelbe Pfirsichköpfchen. Nach de Grahl (1973/74) sollen schon 1940 gelbe Pfirsichköpfchen in Frankreich bekannt gewesen sein.
Es gibt eine, heute sehr selten gewordene, gelbe Mutation des Pfirsichköpfchens, die aus Japan nach Europa gelangt ist. Die Vögel sind in ihrer Grundfarbe vollkommen gelb, der Schnabel ist korallrot, die Stirn orangerot (Bild Seite 101).
Die Vererbung entspricht der Vererbung des gelben Rosenköpfchens (s. dort).
Diese Vögel sind so selten, daß nur wenige Züchter auf der Welt sie in ihren Be-

ständen haben dürften. Das liegt sicher auch mit daran, daß die Tiere wohl sehr empfindlich sind. Selbst in einschlägigen Fachbüchern sind diese Vögel nur auf Zeichnungen oder nachkolorierten Fotos abgebildet.
Es wäre sicherlich erstrebenswert, diese Mutation zu erhalten und durch Einkreuzung von grünen Vögeln widerstandsfähiger zu machen.
Etwas häufiger treffen wir heute bei Liebhabern eine andere gelbe Farbvariante an, die eher dem gelben Schwarzköpfchen ähnelt, aber einen roten Kopf aufweist. Ob es sich hier um eine wirkliche Pfirsichköpfchen-Mutation handelt oder ob diese Vögel ein Produkt der Mischlingszucht von gelben Schwarzköpfchen mit grünen Pfirsichköpfchen sind, können wir heute nicht mehr klären. Wahrscheinlich ist aber letzteres der Fall. Auch diese Vögel vererben wie die gelben Rosenköpfchen.

Grüngelbgescheckte Pfirsichköpfchen. Auch von dieser Mutation hört man hier und da. In vielen Fällen wird es sich sicher um eine Modifikation handeln, wie schon beim Schwarzköpfchen beschrieben.
Von niederländischen Freunden haben wir gehört, daß es dort aber tatsächlich solch eine Mutation geben soll, die dominant vererbt.

Blaue Pfirsichköpfchen. De Grahl (1973/74) berichtet, daß in Kalifornien ein blaues Pfirsichköpfchen aufgetreten ist, das einen weißgrauen Kopf hatte. Auch Schwichtenberg (1969) beschreibt diese blauen Vögel, die 1964 in der CSSR entstanden sein sollen. Soweit wir wissen, ist diese Mutation, wenn überhaupt, so nur noch sehr selten vorhanden.
Einige Züchter versuchen, solche blauen Vögel durch Einkreuzungen von blauen Schwarzköpfchen zu erhalten.

Lutino- und Albino-Pfirsichköpfchen. Auch bei diesen Tieren handelt es sich um Mischlinge aus Erdbeerköpfchen und Pfirsichköpfchen (s. Seite 152).

Rußköpfchen *(A. p. nigrigenis)*

Von diesen Vögeln sind keine echten Mutationen bekannt. Einige Züchter versuchen auch hier, Schwarzköpfchen in verschiedenen Farben einzukreuzen.

Erdbeerköpfchen *(A. p. lilianae)*

Grüne Erdbeerköpfchen. Auch bei diesen Vögeln setzt sich die grüne Grundfarbe aus gelber Rindenschicht und aus der Strukturfarbe Blau zusammen (s. Rosenköpfchen). Es sind also ähnliche Mutationen, wie beim Rosenköpfchen beschrieben, möglich.

Blaue Erdbeerköpfchen. Nach Hayward (1979) sind blaue Erdbeerköpfchen vorhanden. Ob es sie wirklich gibt, konnten wir nicht klären. Ihre Vererbung würde der der blauen Rosenköpfchen entsprechen.

Lutino-Erdbeerköpfchen. Die Lutino-Erdbeerköpfchen sind eine sehr alte Mutation, denn sie sollen schon 1932/33 in Australien entstanden sein (de Grahl 1973/74). In Europa sind sie immer sehr selten gewesen, so daß kaum ein Züchter solche Tiere besitzt. In den USA soll es dagegen einen kleinen Stamm dieser schönen Vögel geben.

Das gesamte Federkleid ist gold-gelb, nur der Kopf und die Kehle sind leuchtend orangerot und die Schwanz- und Schwungfedern weiß. Der Schnabel ist gleichfalls orangerot gefärbt.

Es handelt sich hier also um Vögel, bei denen alle Melanine – damit die Strukturfarbe Blau – ausfallen (s. Lutino-Rosenköpfchen). Das Besondere bei diesen Vögeln ist aber, daß die Anlage, die den Ausfall der Melanine bewirkt, rezessiv vererbt wird. Es gibt also sowohl Männchen als auch Weibchen, die spalterbig in Lutino sein können.

Lutino-Erdbeerköpfchen wurden vor einigen Jahren in den Niederlanden mit Schwarzköpfchen und Pfirsichköpfchen gekreuzt. Über viele Generationen hinweg hat man daraus Vögel gezüchtet, die heute als Lutino-Schwarzköpfchen oder Lutino-Pfirsichköpfchen bezeichnet werden. Diese Vögel sind sehr begehrt und dementsprechend teuer. Durch das Einkreuzen von weißen Schwarzköpfchen und durch gezielte Auslese hat man auch Albino-Schwarzköpfchen/Pfirsichköpfchen gezüchtet.

Die Lutinos sind gelb und haben einen rötlichen Kopf (Erbe ihrer Erdbeerköpfchen- und Pfirsichköpfchen-Vorfahren) und haben natürlich rote Augen.

Die Albinos zeigen ein weißes Gefieder und ebenfalls rote Augen. Diese Lutinos und Albinos sind sicher sehr ansprechende Tiere, es sind aber Mischlinge, die aus Erdbeer-, Pfirsich- und Schwarzköpfchen herausgezüchtet wurden. Dies sollte von allen, die diese Tiere in ihren Bestand aufnehmen wollen, bedacht werden.

Bergpapagei *(A. taranta)*

Grüne Bergpapageien. Auch hier setzt sich die Grundfarbe des Gefieders aus Gelb und Blau zusammen. Es sind also, wenn man diese Vögel züchtet, Mutationen zu erwarten, wie sie schon beim Rosenköpfchen aufgetreten sind. Da diese

Vögel aber nicht in großen Mengen in Züchterhand gelangen und auch nur schwer zur Zucht gebracht werden können, ist das wohl nur ein Wunschtraum.

Blaue Bergpapageien. Hayward (1979) berichtet, daß es eine blaue Mutation gegeben habe. Näheres ist nicht bekannt.

Zimtfarbene Bergpapageien. Vriends (1978) hat in seinen Beständen einen zimtfarbenen Vogel gehalten, der wahrscheinlich 1972 als Wildfang importiert wurde. Er beschreibt ihn als aufgehellten grünen Vogel mit verschiedenen zimtfarbenen Schwingen. Auch das Rot der Maske war aufgehellt.
Dieses Tier hat mit einer grünen Henne zusammen sechs grüne Junghähne großgezogen.

Grauköpfchen *(A. cana)*

und

Grünköpfchen *(A. swinderniana)*

Farbmutationen sind nicht bekannt.

Orangeköpfchen *(A. pullaria)*

Blaue Orangeköpfchen. Nur aus der Literatur (Hayward 1979) ist uns bekannt, daß es eventuell blaue Orangeköpfchen, die rezessiv vererben, gibt.

Lutino-Orangeköpfchen. Auch diese Mutation gibt es, wenn sicher auch nur sehr selten. In Südeuropa hält ein Züchter ein Lutino-Orangeköpfchen in seinem Bestand. Über die Vererbung können wir z. Z. keine Aussage machen.

Eine Bitte an die Leser

Alle Farbmutationen, die beim Rosenköpfchen bekannt sind und die wir ausführlich erläuterten, können natürlich auch bei den anderen Agaporniden-Arten auftreten. Aber auch bei Rosenköpfchen sind noch neue Mutationen zu erwarten – Zeitpunkt und Art solcher Mutationen sind aber nicht vorauszusagen. Sollten neue Farben auftreten, wären wir unseren Lesern für jede Information sehr dankbar. Auch Anregungen und Kritik nehmen wir jederzeit interessiert entgegen.

Jürgen Brockmann, Finkenstraße 12, 4422 Ahaus 1
Werner Lantermann, Drostenkampstraße 15, 4200 Oberhausen 13

Bildnachweis

van de Kamer: 8, 20–23 und 26
H. Reinhard: 34, 37, 38 und 43
alle übrigen Fotos: J. Brockmann / W. Wiching
Zeichnungen: W. Lantermann

Literaturverzeichnis

Aschenborn, C.: Die Papageien. Lehrmeister Bücherei. A. Philler Verlag, Minden 1967.

– Bau und Einrichtung von Gartenvolieren. Lehrmeister Bücherei. A. Philler Verlag, Minden 1954.

AZ/DKB: Einheitsstandard, 4. Aufl. 1968.

Bates, H. J.: Parrots and related birds. TFH-Publications. Neptune 1969.

Boetticher, H. v.: Papageien. Neue Brehm Bücherei. A. Ziemsen Verlag, Wittenberg 1959.

Brockmann, J.: Rotgescheckte Rosenköpfchen – Nichtwissen oder Betrug. AZN **7**/1978.

– Noch einmal „Rote *Agap. roseicollis*". Ziergeflügel und Exoten (DDR) **6**/1978.

– Niet weten of bedrog? Parkieten Societeit (NL) **1**/1979.

– Rote *Agapornis roseicollis*-Rosenköpfchen. Ziergeflügel und Exoten (DDR) **5**/1979.

– Kreuzungsergebnisse der Farbmutationen beim Schwarzköpfchen. AGA-Rundbriefe **2–5**/1981.

Burkhard, R.: Aus dem Farbkasten des *Agapornis*-Züchters. Gef. Welt **6**/1973.

– Zum Thema Farbmutationen bei den *Agapornis*. AZN **3**/1974.

– Zur Genetik des *Agapornis roseicollis*. Gef. Welt **4**/1976.

Delphy, K. H.: Großsittiche und Papageien. Lehrmeister Bücherei. A. Philler Verlag, Minden 1976.

Dilger, W. C.: The comparative Ethologie of the African Parrot genus *Agapornis*. Zeitschr. f. Tierpsychologie **17**, 6, 1960.

– Studies in Agapornis. Avicult. Mag. **2**/1968.

Duncker, H.: Vererbungslehre für Kleinvögelzüchter. Leipzig 1929.

Ebert, U.: Vogelkrankheiten. M. u. H. Schaper, Hannover 1978.

Enejhelm, C. af: Das Buch vom Wellensittich. Verlag G. Helène, Pfungstadt 1957.

– Papageien. Franckh'sche Verlagshandlung, Stuttgart 1968.

Forshaw, J.: Parrots of the world. TFH-Publications, Neptune 1973.

Franck, D., Preis, H. J.: Verhaltensentwicklung isoliert handaufgezogener Rosenköpfchen. Zeitschr. f. Tierpsychologie **34**/1974.

Grahl, W. de: Papageien in Haus und Garten. Eugen Ulmer, Stuttgart 1969.

– Papageien unserer Erde. 2 Bde. Hamburg 1973/74.

Hampe, H.: Die Unzertrennlichen. Verlag G. Helène, Pfungstadt 1957.

Hayward, J.: Lovebirds and their Colour Mutations. Blandford Press, Poole 1979.

Kemna, A.: Die Krankheiten der Stubenvögel. Lehrmeister Bücherei. A. Philler Verlag, Minden 1976.

Kronberger, H.: Haltung von Vögeln, Krankheiten der Vögel. VEB G. Fischer Verlag, Jena 1979. Stuttgart, New York 1978.

Lantermann, W.: Die Rosenköpfchen. Die Voliere **3**/1979.

– Gerupfte Brut bei Schwarzköpfchen. AZN **7**/1978.

Lehmann, O., Seidel, P.: Erstzuchtbericht *Agap. roseic.* Falb. Ziergeflügel und Exoten (DDR) **4**/1980.
Loesch, W.: Zucht der Agaporniden „Gelber Fischeri“, Erstzucht? AZN **11**/1977.
Michaelis, H. J.: Der Wellensittich. Neue Brehm Bücherei. A. Ziemsen Verlag, Wittenberg 1974.
Moreau, R.: Aspects of Evolution in the Parrot genus *Agapornis.* Ibis **90**/1948.
Ochs, B.: Roseicolliszucht: Entwicklung – Stand – Prognose. AZN **3**/1980.
Pinter, H.: Handbuch der Papageienkunde. Franckh/Kosmos, Stuttgart 1979.
Prestwich, A. A.: Breeding the redfaced lovebird *Agapornis pullaria.* Avicult. Mag. **1**/1963.
Radtke, G. A.: Die Farbschläge beim Wellensittich. Lehrmeister Bücherei. A. Philler Verlag, Minden 1971.
Reicherd, C.: Etwas über Graukäpfchen. Gef. Welt **2**/1968.
Roders, P. E., Brockmann, J.: Kleurvererving bij Agaporniden. Parkieten Societeit **3–9**/1978.
Schwichtenberg, H.: Die Unzertrennlichen. Neue Brehm Bücherei. A. Ziemsen Verlag, Wittenberg 1969.
Smith, A.: Lovebirds and related parrots. Paul Elek, London 1979.
Soderberg, P. M.: All about lovebirds. TFH-Publications, Neptune 1977.
Vit, R.: Über *Agapornis*-Mutationen. Gef. Welt **2**/1975.
Vriends, M. M.: Encyclopedia of Lovebirds. TFH-Publications, Neptune 1978.
Wewezow, F.: Meine Erdbeerköpfchen. Gef. Welt **4**/1971.
– Zucht der Erdbeerköpfchen. Gef. Welt **7**/1971.
Wright, A. J.: Establishing aviary bred of Madagaskar-Lovebirds. The parrot society, Vol. X, 1/1976.
– The redfaced Lovebird. The parrot society, Vol. X, 4/1976.
Zürcher, E.: Geglückte Zucht von Orangeköpfchen (veröffentlicht durch W. de Grahl). AZN **5**/1977.

Zeitschriften

AGA-Rundbriefe, Arbeitsgemeinschaft Agaporniden; Hrsg. J. Brockmann u. a. Ahaus.
AZ-Nachrichten. München.
Die Gefiederte Welt; Hrsg. Dr. J. Steinbacher. Frankfurt.
Die Vogelpost; Hrsg. K. B. Möller. Duisburg.
Die Voliere; Hrsg. Dr. M. Heidenreich. Hannover.
Parkieten Societeit. Venlo (NL).
Ziergeflügel und Exoten. DDR.

Register

Agapornis 10, 11
Agapornis cana 11, 16, 75ff, 153
– cana ablectanea 11, 75
– personata 11, 12, 68, 145
– personata fischeri 11, 14, 70ff, 150f
– personata lilianae 11, 14, 73f, 151
– personata nigrigenis 11, 15, 72ff, 151
– personata personata 11, 14, 68ff, 145ff
– pullaria 11, 19, 78f, 153
– pullaria pullaria 11, 78
– pullaria ugandae 11, 78
– roseicollis 11, 12, 63ff, 79ff
– roseicollis catumbella 11, 64
– roseicollis roseicollis 11, 63ff
– swinderniana 11, 19, 77, 153
– swinderniana emini 11, 77
– swinderniana swinderniana 11, 77
– swinderniana zenkeri 11, 77
– taranta 11, 16, 74, 152f
– taranta nana 11, 74
– taranta taranta 11, 74
Aminosäuren 34
Ammenaufzucht 62
Antibiotika 41
Artenschutzabkommen 10
Artenverzeichnis 11
Aufzuchtfutter 32ff
Außenvolieren 22f

Baden 50
Balz 52
Bergpapagei 11, 16, 74, 152f
– Blau 153
– Zimt 153
Beringung 58
Blutungen 39
Brut 55ff
Brutdauer 56
Brutverhalten 51

Chromosomen 82ff

Desinfektion 40
Drahtgeflecht 23

Eifutter 32ff
Eiweiß 33
Einfuhrbestimmung 9
Einzelhaltung 44
Endoparasiten 40
Ektoparasiten 39f
Erdbeerköpfchen 11, 14, 73f, 151
– Blau 152
– Lutino 152
Ernährung 32ff

Fachliteratur 155ff
Farbkombination 78ff
Farbmutationen 79ff
Federrupfen 42f
Fischers Unzertrennlicher s. Pfirsichköpfchen
Fortplanzung 51
Frakturen 39
Freiflug 30f
Freivoliere 23ff
Früchte 32f
Futter 32ff

Gartenvoliere 22ff
Gelbgesichtsfaktor 104
Geschlechtsbestimmung 54f
Geschlechtsgebundene Vererbung 134ff
Geschlechtszellen 88ff
Grauköpfchen 11, 16, 75f, 153
Grünfutter 32f
Grünköpfchen 11, 19, 77, 153

Haltung 22ff
Heimat 12ff

Infektion 41
Innenvolieren 22ff

Käfige 22f
Kalk 33
Kampfverhalten 51
Keimfutter 32, 56
Kistenkäfig 22f
Knochenbrüche 39
Körnerfutter 32
Kopulation 53
Kotproben 40
Krankenkäfig 53f
Krankheiten 34ff

Legenot 42
Luftfeuchtigkeit 59ff

Masken-Unzertrennlicher s. Schwarzköpfchen
Mauser 43
Milben 39f
Mineralstoffe 33
Modifikation 143f
Mutation 79ff

Nachahmung 45
Nachweisbuch 58f
Nestbau 55ff
Nistgelegenheiten 55ff
Nistkästen 56f
Nistmaterial 56

Obst 32f
Orangeköpfchen 11, 19, 78f, 153
– Blau 153
– Lutino 153
Ornithose 41

Papageienkrankheit 9, 41
Parasiten 39f
Partnerwahl 55
Pfirsichköpfchen 11, 14, 70ff, 150
– Albino 151
– Blau 151
– Gelb 150f
– Grüngelbgescheckt 151
– Lutino 151
Pflege 22ff
Psittacose 9, 41

Reifeteilung 86
Rosenköpfchen 11, 12, 63ff, 79ff
– Albino 137ff
– Amerik. Golden Cherry 117ff
– Amerik. Golden Cherry-Schecke 123
– Amerik. Silber Cherry 122
– Amerik. Silber Cherry-Schecke 123f
– Blau 89ff
– Blaugelbgescheckt 99ff
– Blau-Zimt 137ff
– Creme-Albino 137ff
– Dunkelblau 129ff
– Dunkelfaktorige 127ff
– Dunkelgrün 127f
– Falbe 124ff
– Gelb (Austral.) 116f
– Gelb (Japan.) 108ff
– Gelb-gesäumt 117ff
– Gelb-gesäumt-gelbgescheckt 123
– Gescheckte Gelbe 114ff
– Gescheckte Weiße 114ff
– Grau 142
– Graufügel 143
– Grüngelbgescheckt 96ff
– Halbseiter 144
– Hellblau 142
– Japan. Golden Cherry 108ff
– Japan. Golden Cherry mit Scheckfaktor 114ff
– Japan. Silber Cherry 111ff
– Japan. Silber Cherry mit Scheckfaktor 114f
– Kobalt 129ff
– Lutino 134ff
– Mauve 129ff
– Oliv 127ff
– Oliv-Schecken 134
– Pastellblau 89ff
– Pastellblaugelbgescheckt 99ff
– Pastellblau mit Dunkelfaktor 129ff
– Pastellblau-Zimt 140f
– Rezessive Schecken 108
– Rot 143f
– Rotgesäumt 143f
– Rotgescheckt 143f
– Schecken mit roten Augen 143
– Weiß (Austral.) 116ff
– Weiß (Japan.) 111ff
– Weiß-gesäumt 122f
– Weiß-gesäumt-gelbgescheckt 123f
– Weißmaske 142
– Zimt 139ff
Rupfen 42f, 61
Rußköpfchen 11, 15, 72ff, 151

Sämereien 32f
Schimmelpilze 32
Schlupflochgröße 56
Schutzhaus 29
Schwarzköpfchen 11, 14, 68ff, 145ff
– Albino 150
– Blau 145ff
– Blau mit rotem Schnabel 150
– Blauweißgescheckt 149
– Gelb 146ff
– Graufügel 150
– Grüngelbgescheckt 149
– Lutino 150
– Oliv 150
– Weiß 146ff
– Weiß mit rotem Schnabel 150
– Zimt 149f
Sexualverhalten 52
Sozialverhalten 10, 49, 52

Taranta-Unzertrennlicher s. Bergpapagei
Trinkwasser 34

Unterbringung 22f

Verbreitungsgebiete 12ff
Verbreitungskarten 13, 15, 20, 21
Vererbung 79ff
Verhalten 45
Verletzungen 39
Viruskrankheiten 41
Vitamine 32ff, 42
Vitaminmangel 42
Vogelmilben 40
Volieren 22f

Washingtoner Artenschutzabkommen 10
Würmer 40

Zimmervolieren 22ff
Zucht 54ff, 59ff
Zuchtbuch 58f
Zuchtgenehmigung 58f
Zuchtkäfig 25